U0450231

高德祥
陈雪静 —— 著

敦煌乐舞大典

①

《图录卷》

上海音乐出版社
SMPH

目 录

一　莫高窟乐舞壁画 —————————— 7

二　天王堂乐舞壁画 —————————— 581

三　榆林窟乐舞壁画 —————————— 589

四　西千佛洞乐舞壁画 ————————— 675

五　东千佛洞乐舞壁画 ————————— 693

六　五个庙石窟乐舞壁画 ———————— 703

七　小千佛洞乐舞壁画 ————————— 707

八　旱峡石窟乐舞壁画 ————————— 711

作者简介 ——————————————— 716

莫高窟外景

莫高窟乐舞壁画

莫高窟位于敦煌市区东南25公里处。兴建于前秦建元二年（公元366年）至元代至正二十八年（公元1368年）的一千年间，历经十余个朝代。现有洞窟735个，现存壁画洞窟492个，壁画达45000多平方米，其中有伎乐图像的洞窟328个。壁画中有吹奏乐器、打击乐器、弹拨乐器以及拉弦乐器共计6827件，其中弹拨乐器1808件，吹奏乐器2589件，打击乐器2045件，有400多件乐器图像比较模糊。乐器种类丰富，可谓古代时期中西乐器集大成也。

莫高窟现存的石窟开凿于十六国晚期，这个时期的洞窟建制、壁画内容及宗教功能各异，因此壁画中的乐舞图像也体现出多样性。乐舞类型包括天宫伎乐、飞天伎乐、化生伎乐、药叉伎乐、经变乐舞等十多种传乐形式。

莫高窟乐舞壁画大致可分为早、中、晚三个时期：早期为北凉、北魏、西魏、北周、隋；中期为初唐、盛唐、中唐、晚唐、五代、宋；晚期为西夏、元、清。早期以西域风格为主，中期为中原风格为主，晚期以密教风格为主。

北魏时期，前部人字披顶、后部平棋顶的中心塔柱窟是最常见的石窟建制，石窟规模及壁画内容均具突出的西域风格。天宫伎乐是这一时期最具代表性的乐舞类型，一般绘于洞窟四壁最上端的阁楼中，有奏乐者，亦有舞蹈或歌唱者。四壁下部或中心塔柱下方出现了最早期的药叉伎乐形象，演奏乐器以琵琶、竖箜篌及腰鼓为主。

莫高窟西魏时期的部分洞窟深受南朝佛教艺术的影响。以第285窟、249窟为代表，飞天伎乐呈现出"秀骨清像"的艺术风格。同时，这一时期佛教艺术中融入了中国道教传说中的神祇，创造出了雷公击鼓图等独特的艺术形象。

北周至隋代，基本确立了飞天伎乐于四壁最上方或窟顶四披下沿呈环状飞行的布局，说法图华盖两侧绘制飞天伎乐成为定式，同时，也出现了绘制于藻井中的飞天伎乐。隋代的飞天伎乐更加飘逸婉约，显现出强烈的流动感，在绘画风格上基本脱离了西域的影响，更加倾向于中原风格。

唐代是莫高窟佛教艺术的鼎盛时期，不仅修造洞窟的数量为历代之最，且创造了崭新的绘画风格。大型经变画的出现，是唐代壁画艺术最突出的成就，经变画将形式多样、内容浩繁的多种乐舞类型融汇于同一画面中，上方常绘制不鼓自鸣乐器，乐器系以飘带，表现佛国世界天乐悬于空中，不鼓自鸣的盛景。以乐队与舞蹈相组合的经变乐舞一般位于主尊下方的平台上，阁楼与各级平台上也可见上方大型乐舞场景。迦陵频伽及共命鸟常位于主尊两侧栏杆或平台之上奏乐、舞蹈，迦陵频伽偶尔与各类瑞禽或童子乐舞相结合，作为一个单独的乐舞形式位于画面下方。经变乐舞的乐队中不仅有中国的传统乐器，也有从西域传入的乐器；舞蹈风格各具特色，既有中国的传统舞，也有特殊鲜明的西域舞，生动地体现了丝绸之路上中西方乐舞文化交流融合的发展过程。

五代与宋代的乐舞图像基本沿袭了唐代壁画乐舞图像模式，西夏时期，崖壁上的石窟开凿基本饱和，故而多重修、重绘前代石窟。由于西夏时期密教的兴起，壁画内容的表现形式与前代发生了较大变化，乐舞形式随之也有所变化。元代，密宗佛教艺术兴起，以第465窟为代表的金刚乘藏密画派中持凤首箜篌的奏乐天王，成为莫高窟密宗壁画乐舞的代表作。

金刚伎乐 莫高窟第003窟（元）北壁

经变乐舞 阿弥陀经变 莫高窟第004窟（五代）南壁

经变乐舞 报恩经变 莫高窟第004窟（五代）南壁

经变乐舞 报恩经变 莫高窟第005窟（五代）南壁

经变乐舞 阿弥陀经变 莫高窟第005窟（五代）南壁

莫高窟 第005窟

经变乐舞 弥勒经变 莫高窟第005窟（五代）南壁

树下弹琴 报恩经变 莫高窟第005窟（五代）南壁

菩萨伎乐 普贤经变 莫高窟第005窟（五代）西壁

莫高窟
第 005 窟

菩萨伎乐 文殊经变 莫高窟第005窟（五代）西壁

经变乐舞 药师经变 莫高窟第005窟（五代）北壁

经变乐舞 天请问经变 莫高窟第005窟（五代）北壁

经变乐舞 阿弥陀经变 莫高窟第006窟（五代）南壁

经变乐舞 阿弥陀经变 莫高窟第006窟（五代）南壁

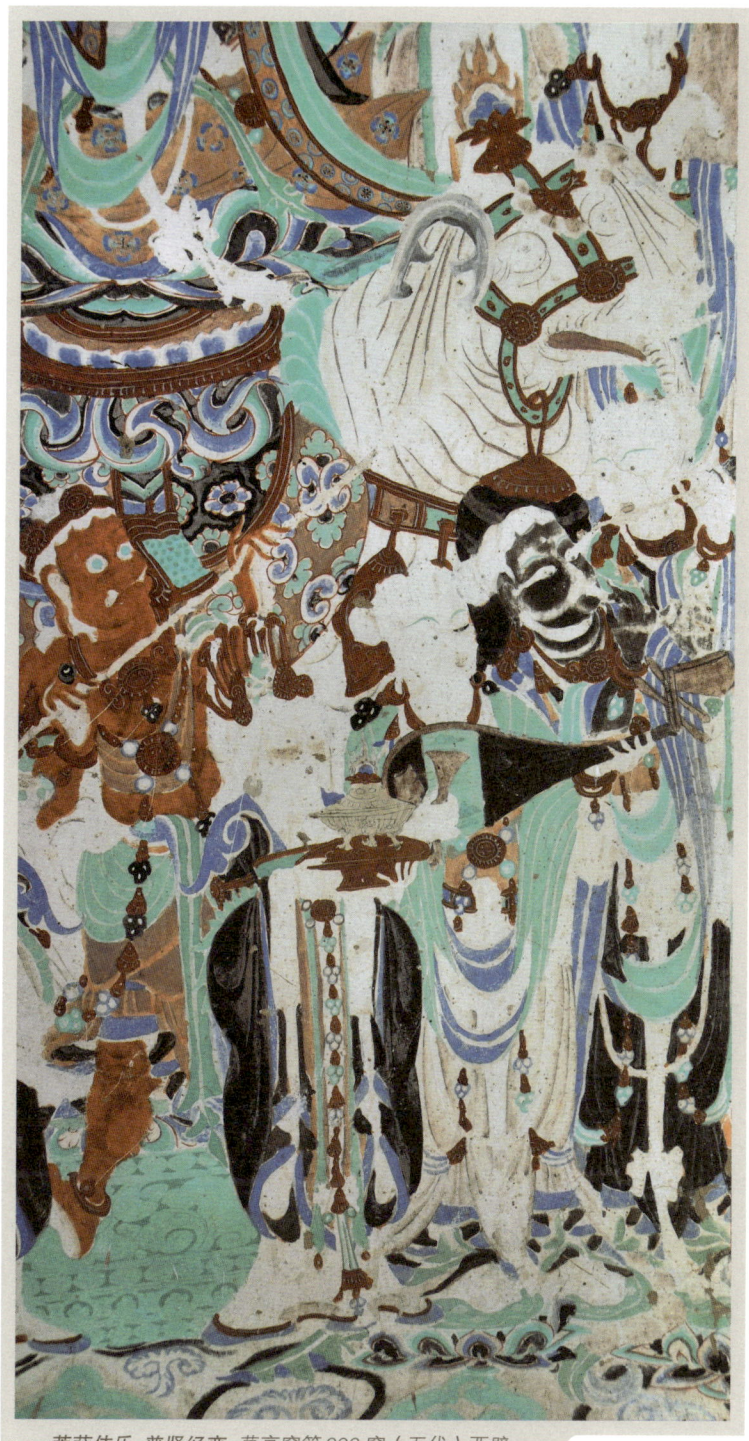

莫高窟第006窟

菩萨伎乐 普贤经变 莫高窟第006窟（五代）西壁

菩萨伎乐 文殊经变 莫高窟第006窟（五代）西壁

华严海乐器 莫高窟第006窟（五代）北壁

经变乐舞 药师经变 莫高窟第006窟（五代）北壁

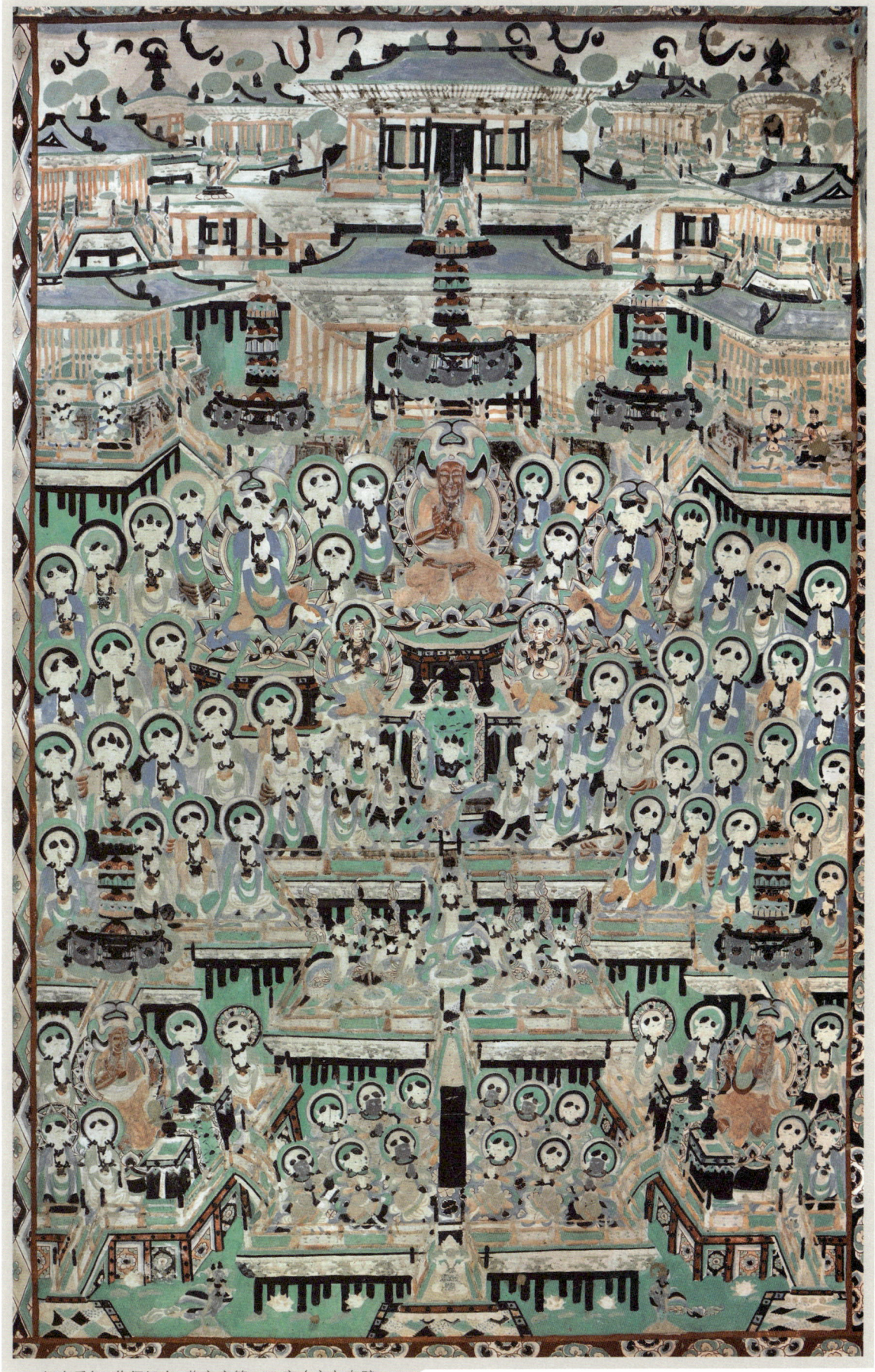

经变乐舞 药师经变 莫高窟第007窟（宋）南壁

飞天伎乐 莫高窟第007窟（宋）窟顶北披

迦陵频伽伎乐 莫高窟第007窟（宋）窟顶西披

飞天伎乐 迦陵频伽伎乐 莫高窟第007窟（宋）窟顶西披

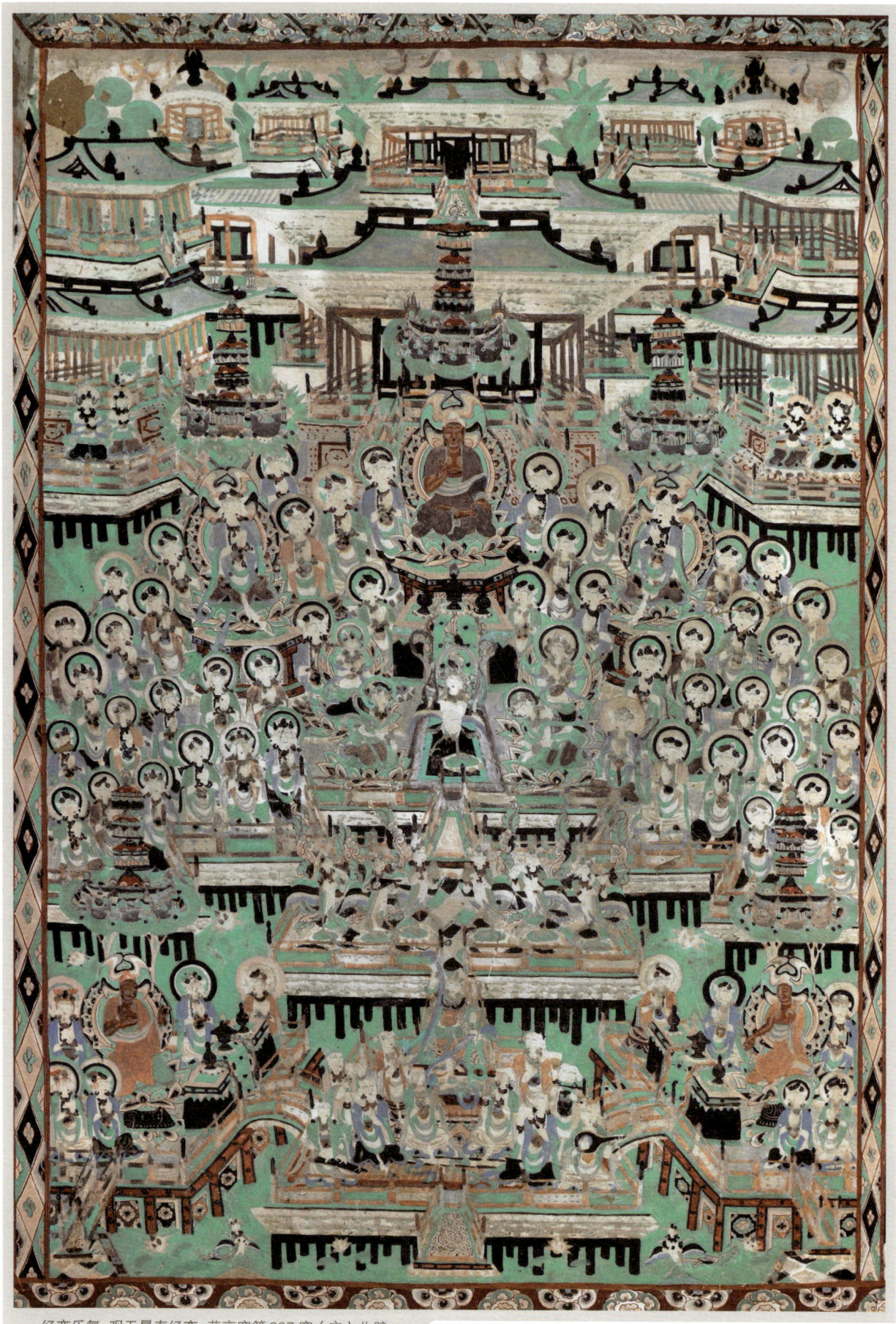

经变乐舞 观无量寿经变 莫高窟第007窟（宋）北壁

莫高窟 第007窟

经变乐舞 弥勒经变 莫高窟第007窟（宋）南壁

经变乐舞 天清问经变 莫高窟第007窟（宋）北壁

经变乐舞 观无量寿经变 莫高窟第008窟（晚唐）西壁

雷公击鼓 莫高窟第008窟（晚唐）窟顶南披

迦陵频伽伎乐 莫高窟第009窟（晚唐）藻井

不鼓自鸣乐 莫高窟第009窟（晚唐）南披

不鼓自鸣乐 莫高窟第009窟（晚唐）东披

乐舞 莫高窟第009窟（晚唐）南壁

伎乐 莫高窟第009窟（晚唐）南壁

外道击鼓 劳度叉斗圣变 莫高窟第009窟（晚唐）南壁

比丘撞钟 劳度叉斗圣变 莫高窟第009窟（晚唐）南壁

莫 高 窟 第009窟

一 莫高窟乐舞壁画

化生伎乐 莫高窟第009窟（晚唐）南壁

舞伎 莫高窟第009窟（晚唐）西壁

百戏 莫高窟第009窟（晚唐）西壁

莫高窟乐舞壁画

莫高窟 第009窟

舞伎 莫高窟第009窟（晚唐）西壁

弹琴 维摩诘经变 莫高窟第009窟（晚唐）北壁

菩萨伎乐 文殊经变 莫高窟第009窟（晚唐）东壁

菩萨伎乐 普贤经变 莫高窟第009窟东（晚唐）南壁

不鼓自鸣乐 飞天伎乐 莫高窟第012窟（晚唐）南披

不鼓自鸣乐 飞天伎乐 莫高窟第012窟（晚唐）西披

莫高窟 第012窟

不鼓自鸣乐 飞天伎乐 莫高窟第012窟（晚唐）北披

不鼓自鸣乐 飞天伎乐 莫高窟第012窟（晚唐）东披

莫高窟第012窟

经变乐舞 观无量寿经变 莫高窟第012窟（晚唐）南壁

世俗乐舞 法华经变 莫高窟第012窟（晚唐）南壁

世俗乐舞 报恩经变 莫高窟第012窟（晚唐）东壁

菩萨伎乐 普贤经变 莫高窟第012窟（晚唐）西壁

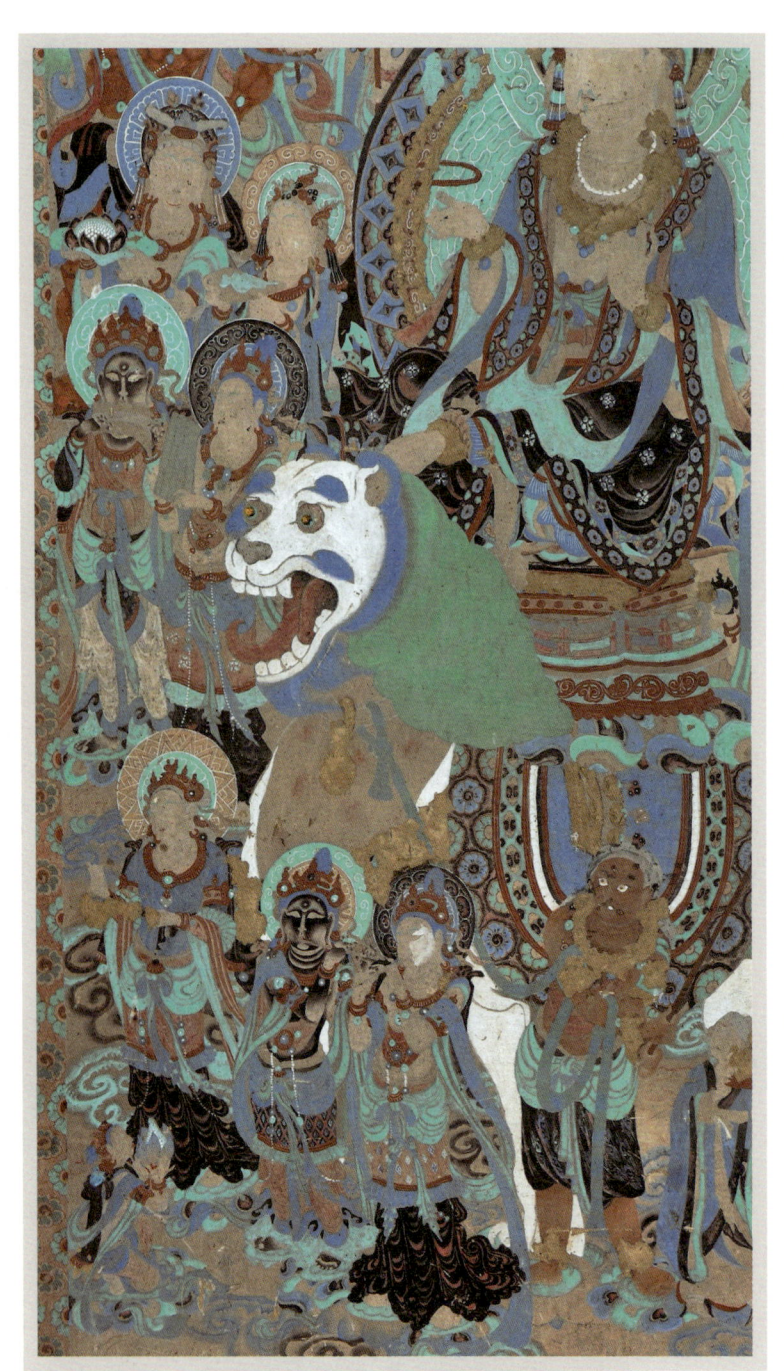

菩萨伎乐 文殊经变 莫高窟第012窟（晚唐）西壁

壸门伎乐 莫高窟第012窟（晚唐）西壁

壸门伎乐 莫高窟第012窟（晚唐）西壁

不鼓自鸣乐 华严经变 莫高窟第012窟（晚唐）北壁

经变乐舞 药师经变 莫高窟第012窟（晚唐）北壁

经变乐舞 天请问经变 莫高窟第012窟（晚唐）北壁

经变乐舞 报恩经变 莫高窟第012窟（晚唐）东壁

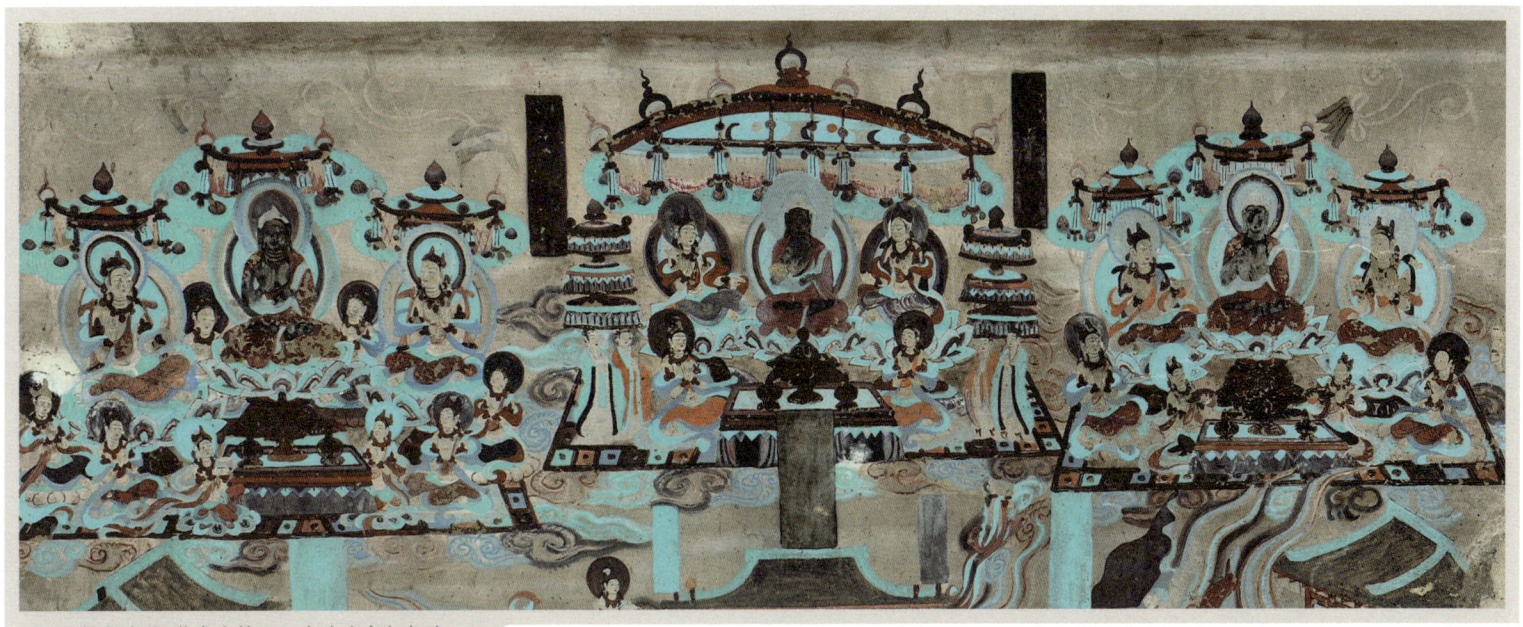

不鼓自鸣乐 莫高窟第012窟（晚唐）东壁

不鼓自鸣乐 莫高窟第014窟（晚唐）西披

经变乐舞 药师经变 莫高窟第014窟（晚唐）中心柱南向面

壶门伎乐 莫高窟第014窟（晚唐）中心柱东向面

壶门伎乐 莫高窟第014窟（晚唐）中心柱东向面

飞天伎乐 莫高窟第014窟（晚唐）南壁

不鼓自鸣乐 菩萨伎乐 不空绢索观音经变、十一面观音经变 莫高窟第014窟（晚唐）南壁

莫高窟

莫高窟乐舞壁画

第 014 窟

世俗乐舞　十一面观音变　莫高窟第014窟（晚唐）南壁

菩萨伎乐　千手千钵文殊经变　莫高窟第014窟（晚唐）北壁

菩萨伎乐 毗卢遮那并八大菩萨曼荼罗 莫高窟第014窟（晚唐）南壁

菩萨伎乐 金刚萨埵并八大菩萨曼荼罗 莫高窟第014窟（晚唐）北壁

不鼓自鸣乐 如意轮观音变 莫高窟第014窟（晚唐）北壁

莫高窟第014、015窟

菩萨伎乐 文殊经变 莫高窟第014窟（晚唐）东壁

菩萨伎乐 普贤经变 莫高窟第014窟（晚唐）东壁

经变乐舞 观无量寿经变 莫高窟第015窟（晚唐）南壁

飞天伎乐 莫高窟第018窟（晚唐）南披

飞天伎乐 莫高窟第018窟（晚唐）西披

飞天伎乐 莫高窟第018窟（晚唐）北披

飞天伎乐 莫高窟第018窟（晚唐）东披

经变乐舞 观无量寿经变 莫高窟第018窟（晚唐）南壁

壸门伎乐 莫高窟第018窟（晚唐）西壁

壸门伎乐 莫高窟第018窟（晚唐）西壁

壸门伎乐 莫高窟第018窟（晚唐）西壁

莫高窟第018窟

菩萨伎乐 普贤经变 莫高窟第018窟（晚唐）西壁

菩萨伎乐 文殊经变 莫高窟第018窟（晚唐）西壁

经变乐舞 药师经变 莫高窟第018窟（晚唐）北壁

经变乐舞 金刚经变 莫高窟第018窟（晚唐）北壁

经变乐舞 观无量寿经变 莫高窟第019窟（晚唐）南壁

经变乐舞 报恩经变 莫高窟第019窟（晚唐）北壁

经变乐舞 观无量寿经变 莫高窟第020窟（晚唐）南壁

经变乐舞 药师经变 莫高窟第020窟（晚唐）北壁

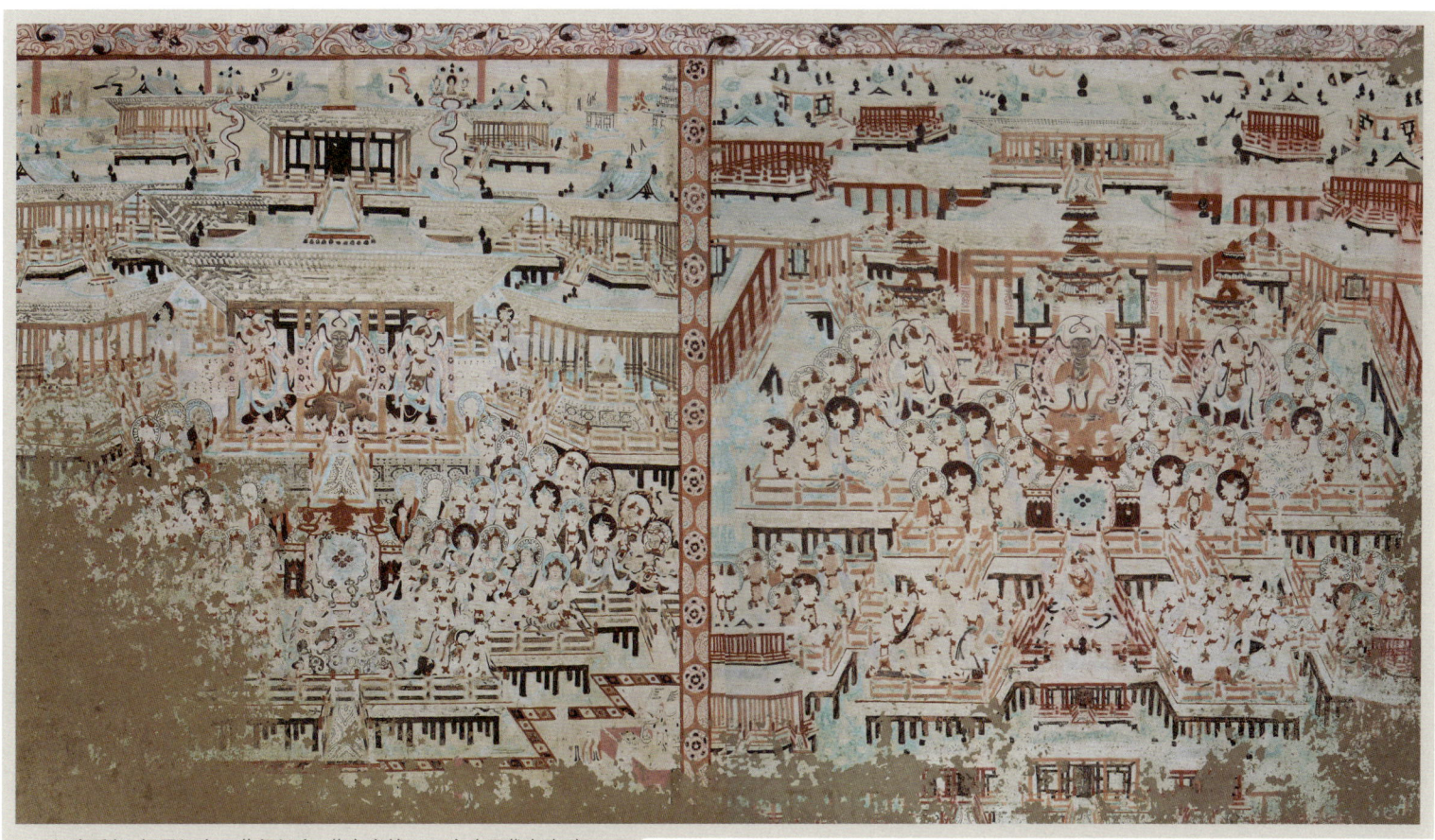

经变乐舞 报恩经变、药师经变 莫高窟第022窟（五代）南壁

世俗乐舞 法华经变 莫高窟第023窟（中唐）北壁

飞天伎乐 莫高窟第025窟（宋）南披

飞天伎乐 莫高窟第025窟（宋）南披

飞天伎乐 莫高窟第025窟（宋）东披

飞天伎乐 莫高窟第025窟（宋）东披

飞天伎乐 莫高窟第025窟（宋）北披

比丘撞钟 劳度叉斗圣变 莫高窟第025窟（宋）南壁

外道击鼓 劳度叉斗圣变 莫高窟第025窟（宋）南壁

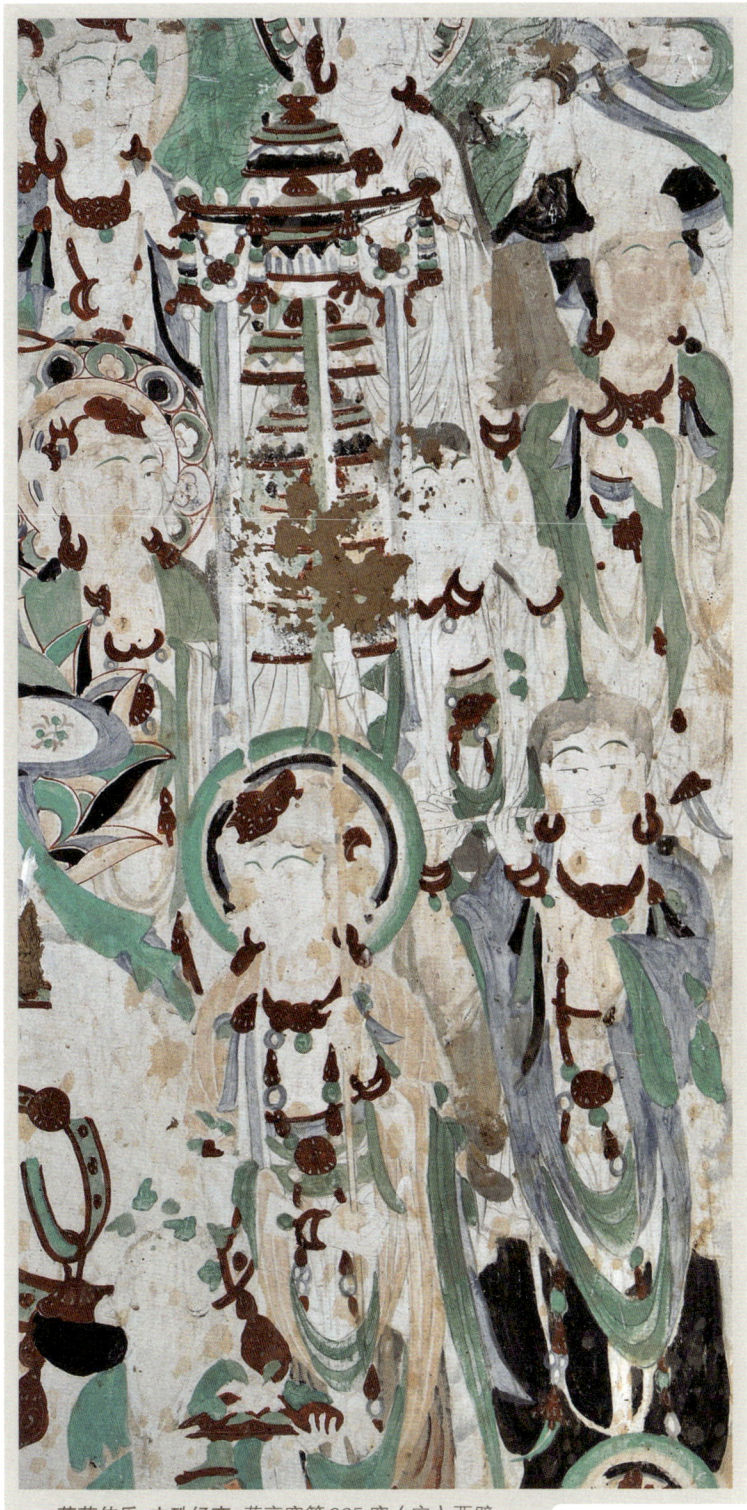

菩萨伎乐 文殊经变 莫高窟第025窟（宋）西壁 　　　　菩萨伎乐 普贤经变 莫高窟第025窟（宋）西壁

飞天伎乐 莫高窟第029窟（西夏）南披

飞天伎乐 莫高窟第029窟（西夏）南披

莫高窟 第029窟

飞天伎乐 莫高窟第029窟（西夏）北披

飞天伎乐 莫高窟第029窟（西夏）北披

飞天伎乐 莫高窟第029窟（西夏）北披

飞天伎乐 莫高窟第029窟（西夏）东披

飞天伎乐 莫高窟第029窟（西夏）东披

飞天伎乐 莫高窟第029窟（西夏）东披

菩萨伎乐 莫高窟第029窟（西夏）甬道北壁

玩偶 莫高窟第031窟（中唐）东披

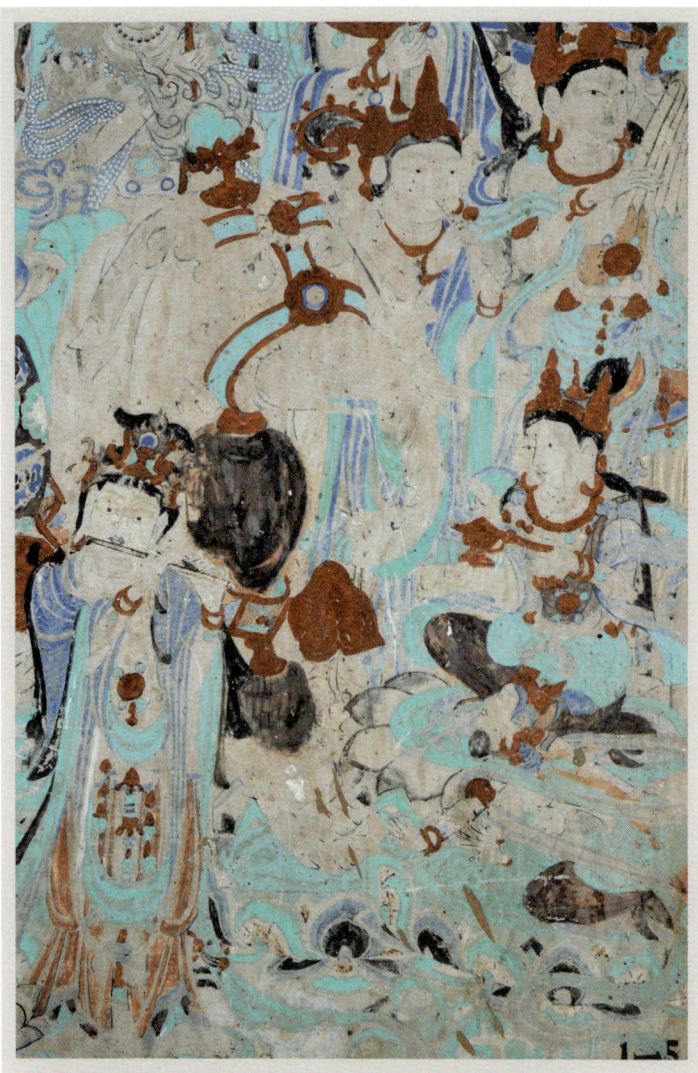

菩萨伎乐 普贤经变 莫高窟第039窟（五代）东壁

菩萨伎乐 文殊经变 莫高窟第039窟（五代）东壁

壸门伎乐 莫高窟第039窟（五代）中心柱南向面

经变乐舞 观无量寿经变 莫高窟第044窟（中唐）南壁

飞天伎乐 莫高窟第044窟（盛唐）北壁

莫高窟第044窟

经变乐舞 西方净土变 莫高窟第044窟（盛唐）北壁

经变乐舞 观无量寿经变 莫高窟第044窟（中唐）东壁

经变乐舞 观无量寿经变 莫高窟第045窟（盛唐）北壁

经变乐舞 观无量寿经变 莫高窟第045窟（盛唐）北壁

飞天伎乐 莫高窟第053窟（五代）南披

飞天伎乐 莫高窟第053窟（五代）西披

飞天伎乐 莫高窟第053窟（五代）西披

飞天伎乐 莫高窟第053窟（五代）北披

飞天伎乐 莫高窟第053窟（五代）东披

菩萨伎乐 千手千钵文殊经变 莫高窟第054窟（晚唐）北壁

菩萨伎乐 千手千钵文殊经变 莫高窟第054窟（晚唐）北壁　　　　菩萨伎乐 千手千钵文殊经变 莫高窟第054窟（晚唐）北壁

飞天伎乐 莫高窟第055窟（宋）背屏

飞天伎乐 莫高窟第055窟（宋）南披

飞天伎乐 莫高窟第055窟（宋）北披

飞天伎乐 莫高窟第055窟（宋）北披

飞天伎乐 莫高窟第055窟（宋）东披

经变乐舞 法华经变 莫高窟第055窟（宋）南披

奏乐天王 报恩经变 莫高窟第055窟（宋）东北角

百戏 楞伽经变 莫高窟第055窟（宋）东披

经变乐舞 观无量寿经变 莫高窟第055窟（宋）南壁

经变乐舞 报恩经变 莫高窟第055窟（宋）南壁

比丘撞钟 劳度叉斗圣变 莫高窟第055窟（宋）西壁

经变乐舞 思益梵天问经变 莫高窟第055窟（宋）北壁

经变乐舞 药师经变 莫高窟第055窟（宋）北壁

经变乐舞 密严经变 莫高窟第055窟（宋）东壁

经变乐舞 金光明最胜王经变 莫高窟第055窟（宋）东壁

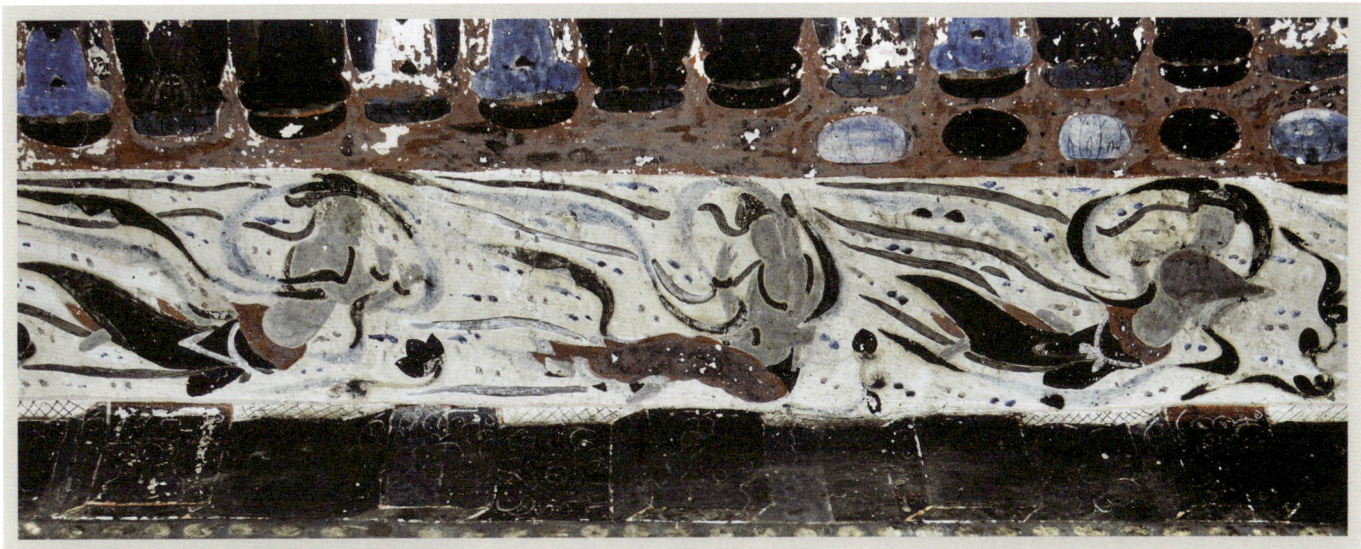

飞天伎乐 莫高窟第056窟（隋）南壁

飞天伎乐 莫高窟第056窟（隋）西壁

飞天伎乐 莫高窟第056窟（隋）东壁

莫高窟 第057、061窟

菩萨伎乐 莫高窟第057窟（初唐）西壁

金星 炽盛光佛图 莫高窟第061窟（五代）甬道南壁

金星 炽盛光佛图 莫高窟第061窟（五代）南壁

世俗乐舞 法华经变火宅喻 莫高窟第061窟（五代）南壁

世俗乐舞 莫高窟第061窟（五代）南壁

经变乐舞 阿弥陀经变、弥勒经变 莫高窟第061窟（五代）南壁

莫高窟

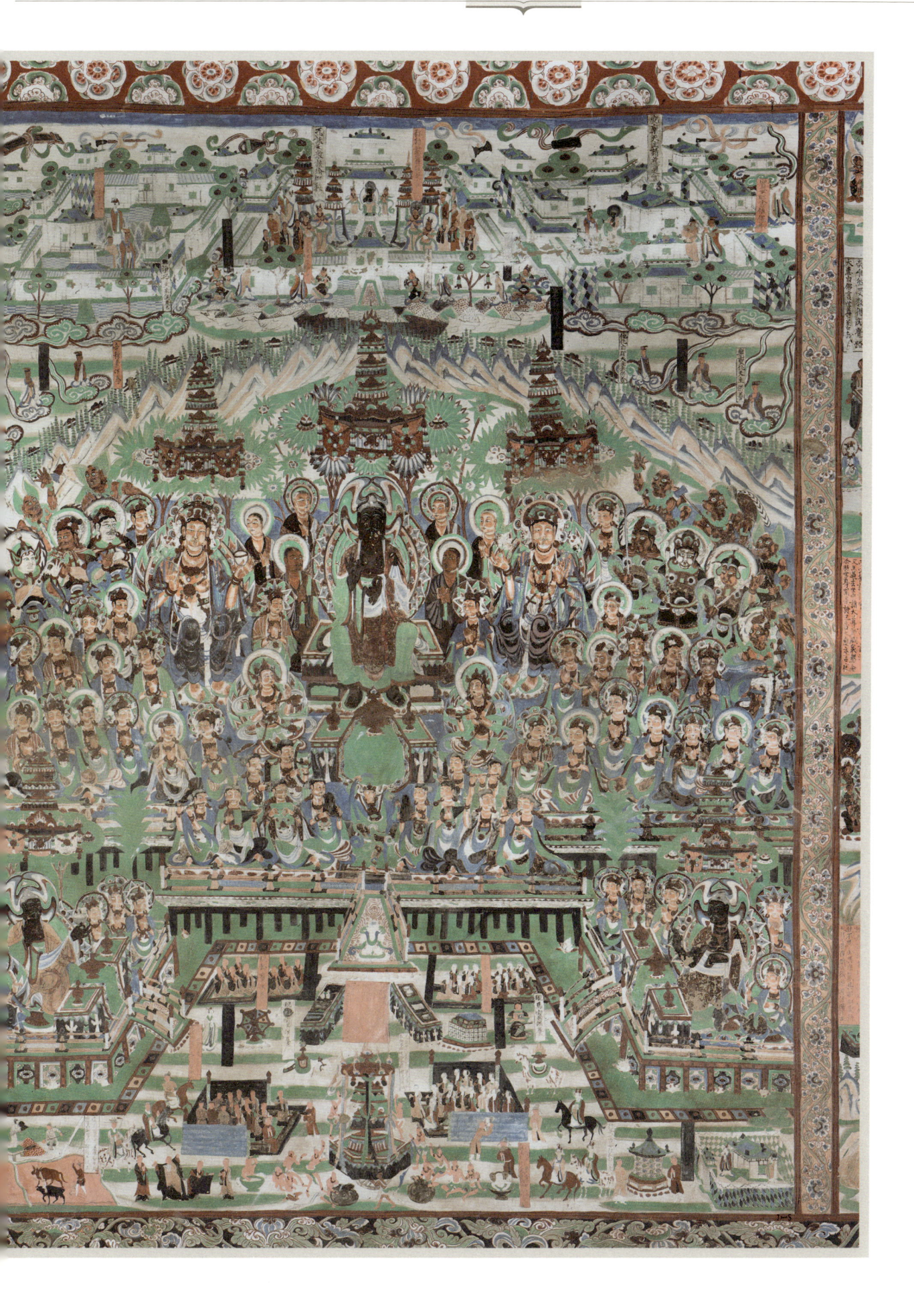

第 061 窟

一 莫高窟乐舞壁画

经变乐舞 报恩经变 莫高窟第061窟（五代）南壁

莫高窟乐舞壁画

莫高窟 第061窟

百戏 楞伽经变 莫高窟第061窟（五代）南壁

树下弹琴 报恩经变 莫高窟第061窟（五代）南壁

菩萨伎乐 莫高窟第061窟（五代）南壁

击鼓 佛传故事 莫高窟第061窟（五代）西壁

世俗乐舞 佛传故事 莫高窟第061窟（五代）西壁

世俗乐舞 佛传故事 莫高窟第061窟（五代）西壁

世俗乐舞 佛传故事 莫高窟第061窟（五代）西壁

世俗乐舞 佛传故事 莫高窟第061窟（五代）西壁

莫高窟乐舞壁画 | 莫高窟 第061窟

世俗乐舞 佛传故事 莫高窟第061窟（五代）西壁

经变乐舞 密严经变、天请问经变 莫高窟第061窟（五代）北壁

莫高窟第061窟

莫高窟乐舞壁画

经变乐舞 药师经变、华严经变 莫高窟第061窟（五代）北壁

莫高窟第061窟

莫高窟乐舞壁画

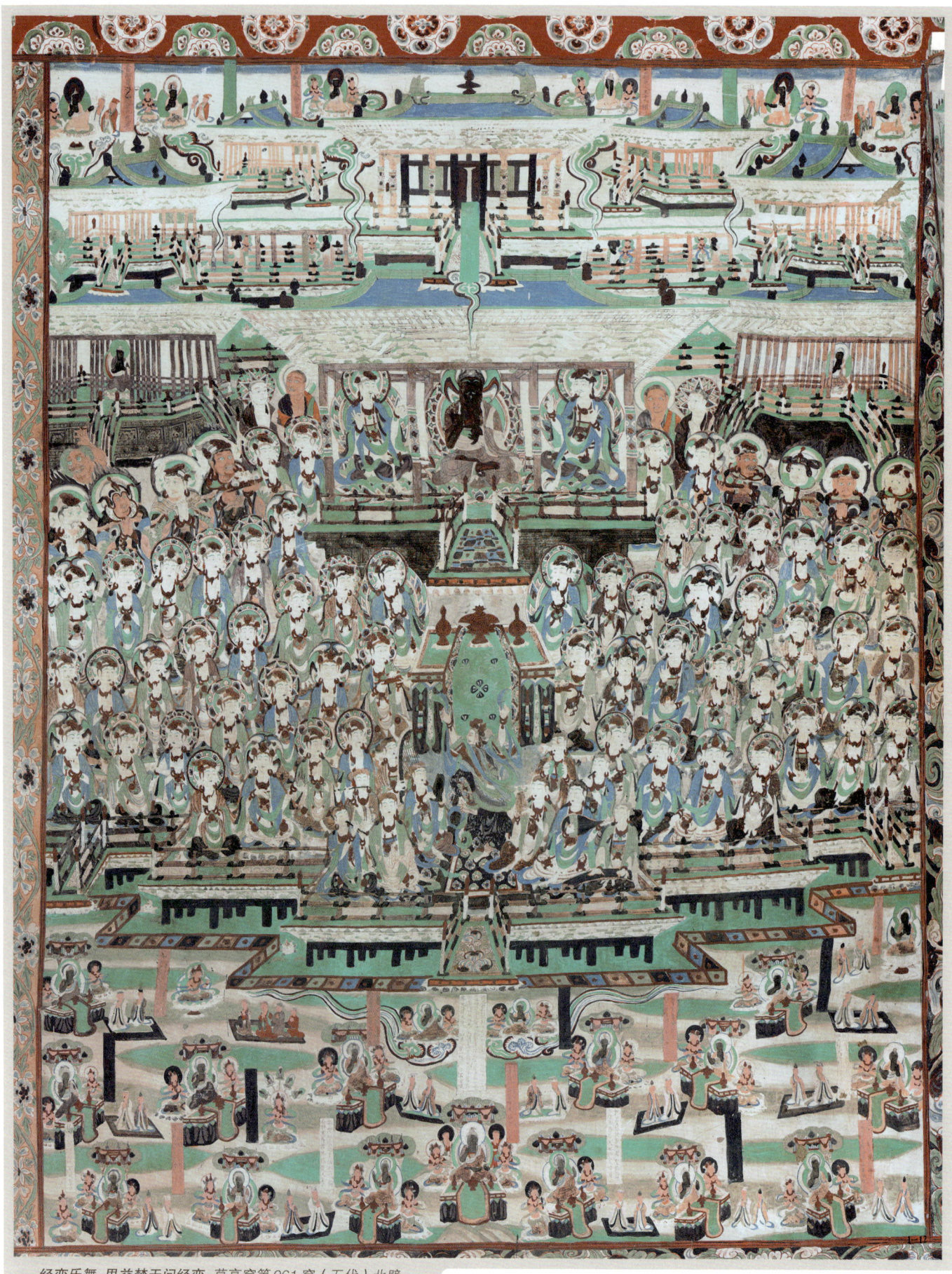

经变乐舞 思益梵天问经变 莫高窟第061窟（五代）北壁

莫高窟

第 061 窟

一、莫高窟乐舞壁画

109

世俗乐舞 佛传故事 莫高窟第061窟（五代）北壁

奏乐魔女 降魔变 莫高窟第061窟（五代）北壁

世俗乐舞 维摩诘经变 莫高窟第061窟（五代）东壁

飞天伎乐 莫高窟第062窟（隋）龛内

飞天伎乐 莫高窟第062窟（隋）龛内

飞天伎乐　莫高窟第064窟（隋）窟顶

飞天伎乐　莫高窟第064窟（隋）窟顶

不鼓自鸣乐 净土变 莫高窟第065窟（西夏）南壁

不鼓自鸣乐 净土变 莫高窟第065窟（西夏）北壁

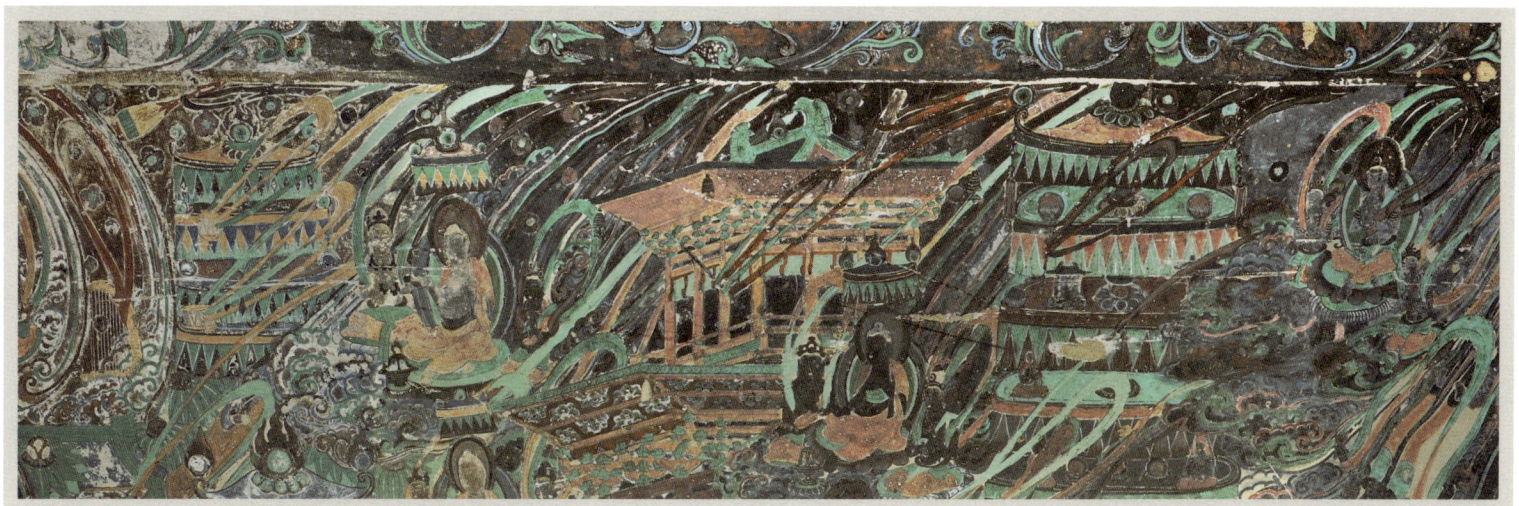

不鼓自鸣乐 净土变 莫高窟第066窟（盛唐）南壁

不鼓自鸣乐 观无量寿经变 莫高窟第066窟（盛唐）北壁

经变乐舞 观无量寿经变 莫高窟第066窟（盛唐）北壁

莫高窟 第066、068窟

菩萨伎乐 莫高窟第066窟（盛唐）西壁

菩萨伎乐 莫高窟第066窟（盛唐）西壁

不鼓自鸣乐 未知名经变 莫高窟第068窟（初唐）南壁

飞天伎乐 莫高窟第070窟（西夏）南披

飞天伎乐 莫高窟第070窟（西夏）西披

飞天伎乐 莫高窟第070窟（西夏）北披

莫高窟
第 071、072 窟

不鼓自鸣乐 阿弥陀经变 莫高窟第 071 窟（初唐）北壁

百戏 刘萨诃因缘变 莫高窟第 072 窟（五代）南壁

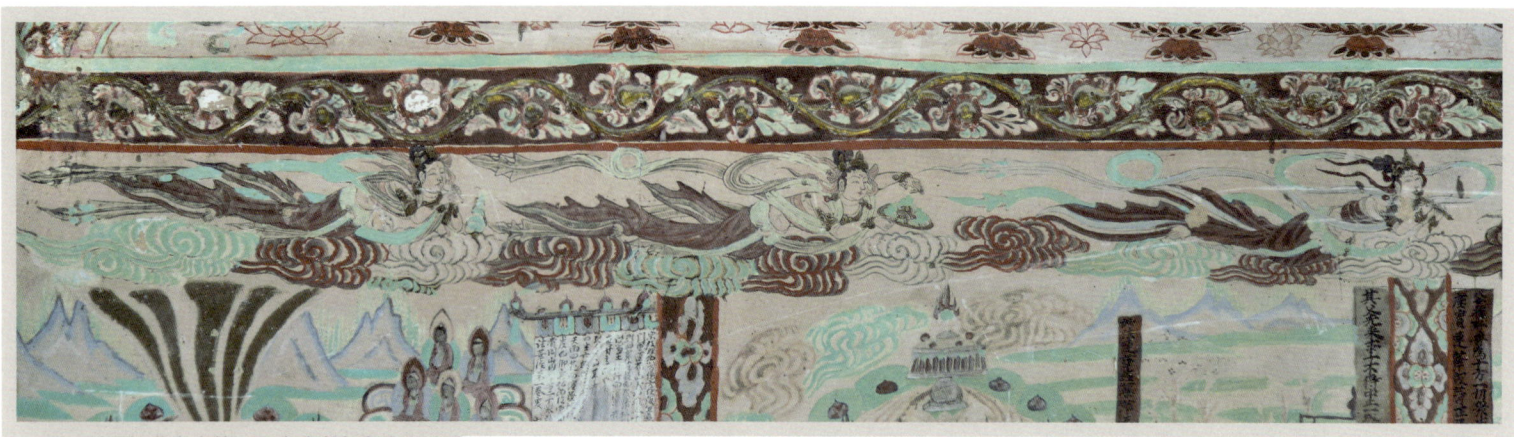

飞天伎乐 莫高窟第076窟（宋）南壁

飞天伎乐 莫高窟第076窟（宋）北壁

莫高窟 第076窟

飞天伎乐 莫高窟第076窟（宋）南壁

飞天伎乐 莫高窟第076窟（宋）东壁

飞天伎乐 莫高窟第076窟（宋）东壁

莫高窟乐舞壁画 — 莫高窟 第076窟

童子百戏 莫高窟第079窟（盛唐）南披

童子百戏 莫高窟第079窟（盛唐）西披

童子百戏 莫高窟第079窟（盛唐）北披

童子百戏 莫高窟第079窟（盛唐）北披

不鼓自鸣乐 净土变 莫高窟第083窟（西夏）南壁

不鼓自鸣乐 净土变 莫高窟第083窟（西夏）北壁

飞天伎乐 莫高窟第085窟（晚唐）南披

飞天伎乐 莫高窟第085窟（晚唐）西披

莫高窟乐舞壁画

第 085 窟

飞天伎乐 莫高窟第085窟（晚唐）北披

飞天伎乐 莫高窟第085窟（晚唐）东披

莫高窟乐舞壁画

莫高窟第085窟

迦陵频伽伎乐 莫高窟第085窟（晚唐）西披

迦陵频伽伎乐 莫高窟第085窟（晚唐）东披

世俗乐舞 法华经变 莫高窟第085窟（晚唐）南披

世俗乐舞 法华经变 莫高窟第085窟（晚唐）西披

世俗乐舞 楞伽经变 莫高窟第085窟（晚唐）东披

百戏 楞伽经变 莫高窟第085窟（晚唐）东披

经变乐舞 报恩经变 莫高窟第085窟（晚唐）南壁

树下弹琴 报恩经变 莫高窟第085窟（晚唐）南壁

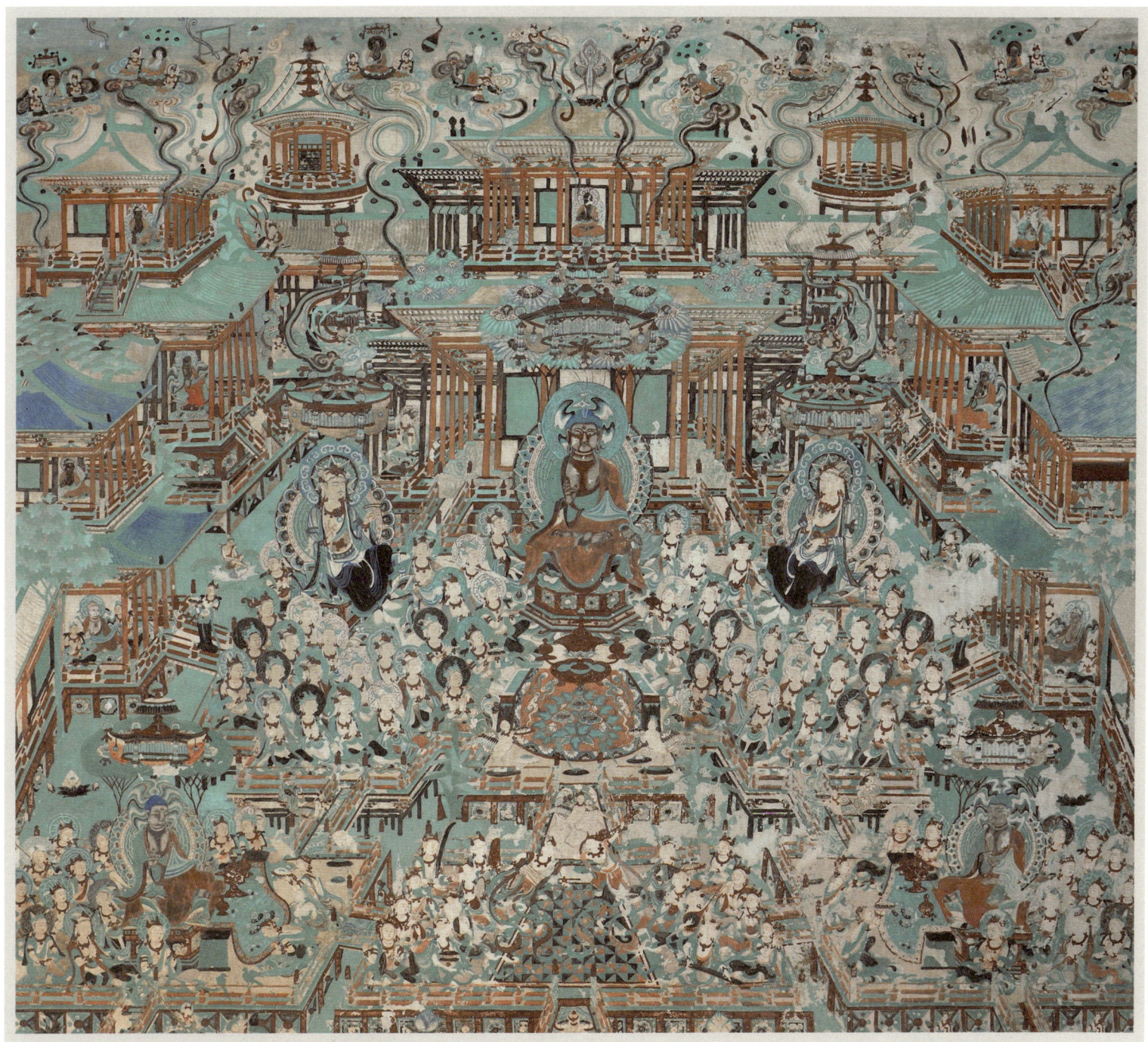

经变乐舞 阿弥陀经变 莫高窟第085窟（晚唐）南壁

经变乐舞 金刚经变 莫高窟第085窟（晚唐）南壁

经变乐舞 密严经变 莫高窟第085窟（晚唐）北壁

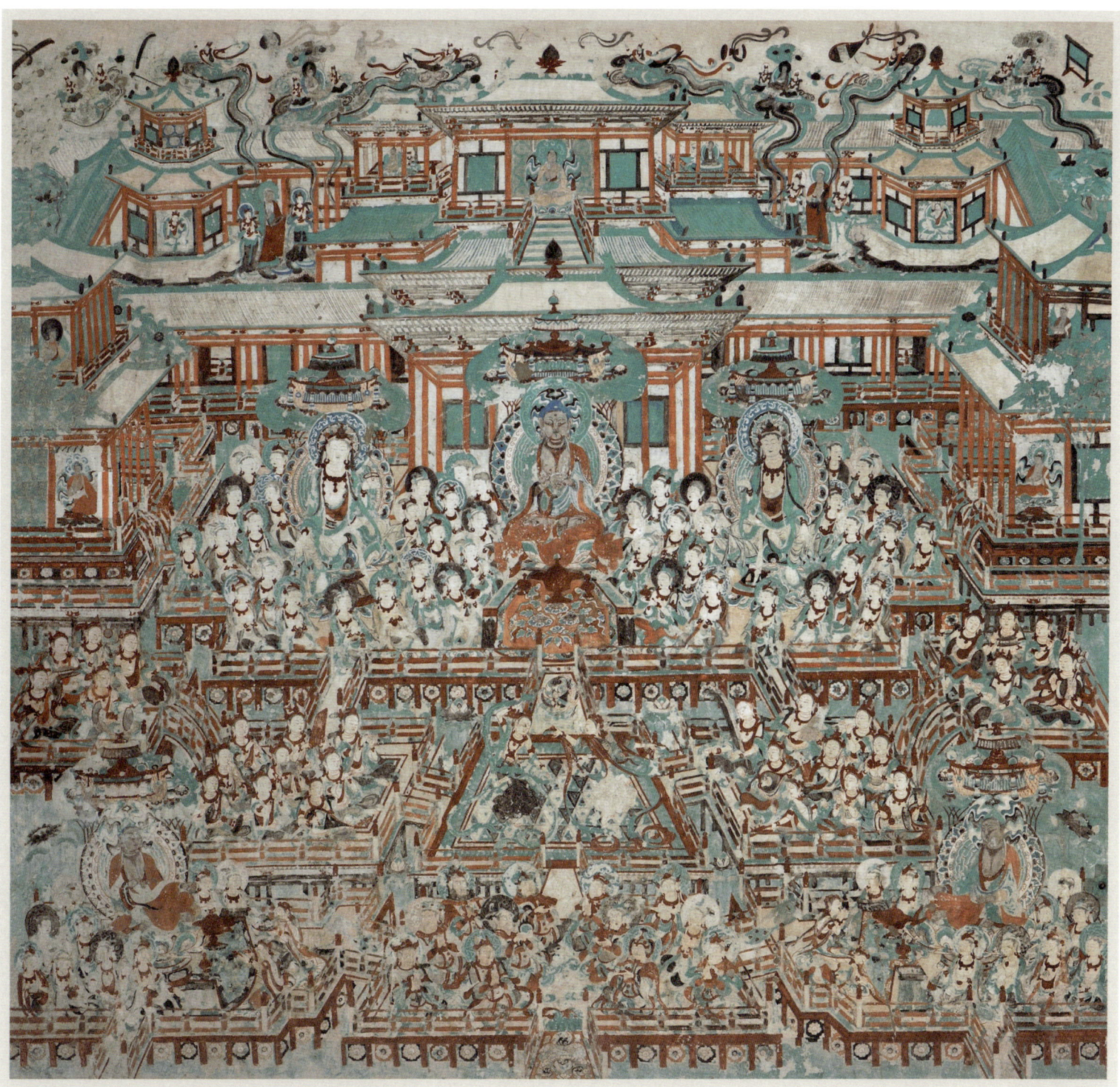

经变乐舞 药师经变 莫高窟第085窟（晚唐）北壁

经变乐舞 思益梵天问经变 莫高窟第085窟（晚唐）北壁

不鼓自鸣乐 维摩诘经变 莫高窟第085窟（晚唐）东壁

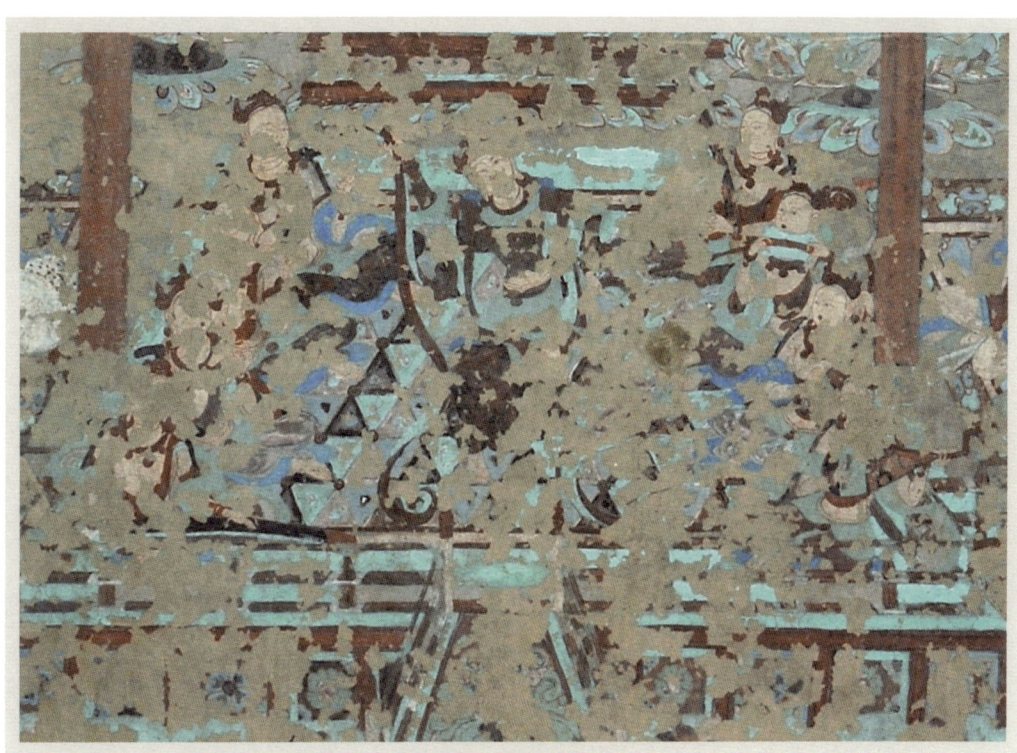

经变乐舞 金光明最胜王经变 莫高窟第085窟（晚唐）东壁

莫高窟
第091、092窟

经变乐舞 观无量寿经变 莫高窟第091窟（中唐）南壁

不鼓自鸣乐 观无量寿经变 莫高窟第092窟（中唐）南壁

经变乐舞 药师经变 莫高窟第092窟（中唐）北壁

壸门伎乐 莫高窟第098窟（五代）佛坛西向面

壸门伎乐 莫高窟第098窟（五代）佛坛南向面

壸门伎乐 莫高窟第098窟（五代）佛坛南向面

莫高窟

莫高窟乐舞壁画

第098窟

经变乐舞 报恩经变 莫高窟第098窟（五代）南壁

世俗乐舞 法华经变 莫高窟第098窟（五代）南壁

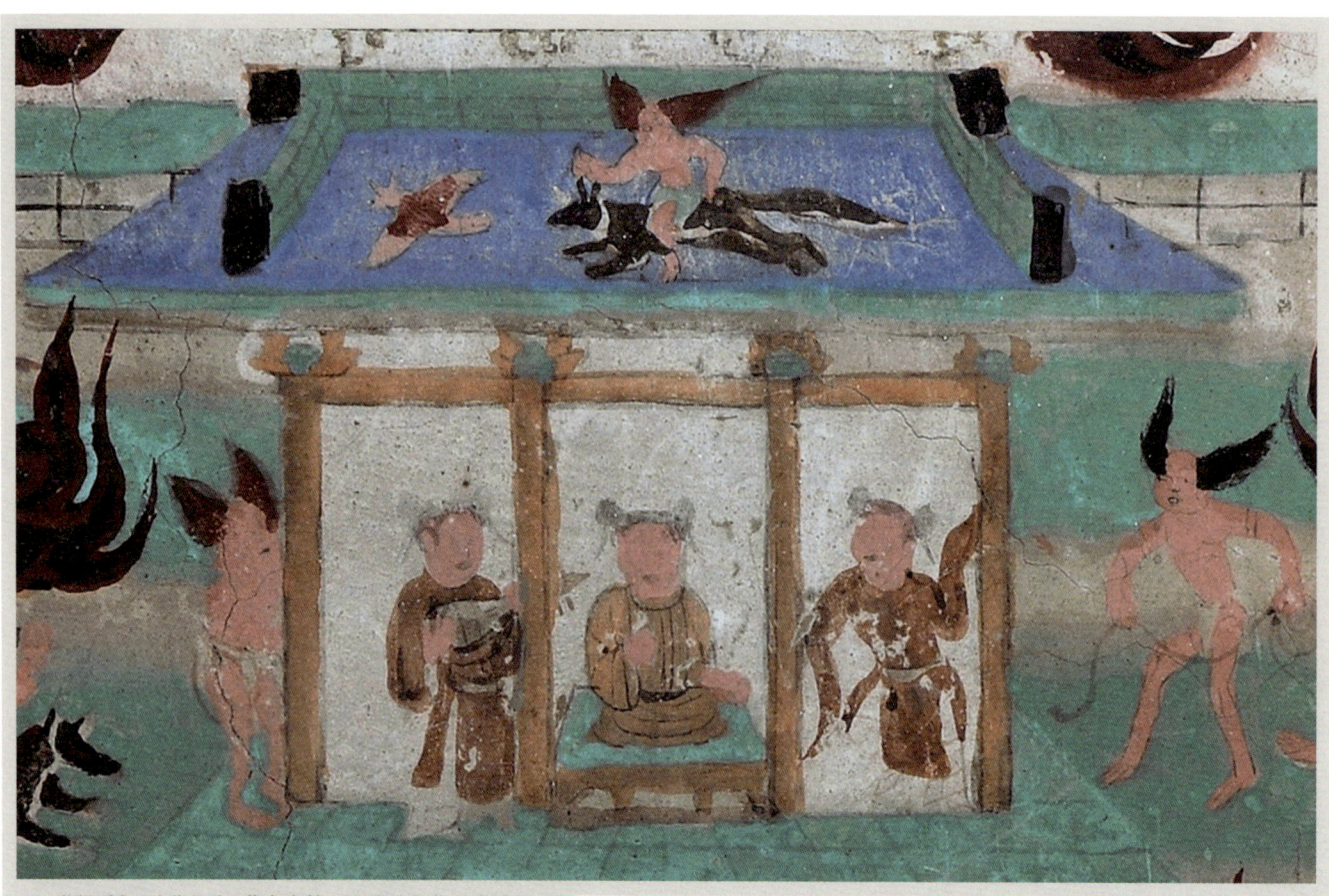

世俗乐舞 法华经变 莫高窟第098窟（五代）南壁

经变乐舞 阿弥陀经变 莫高窟第098窟（五代）南壁

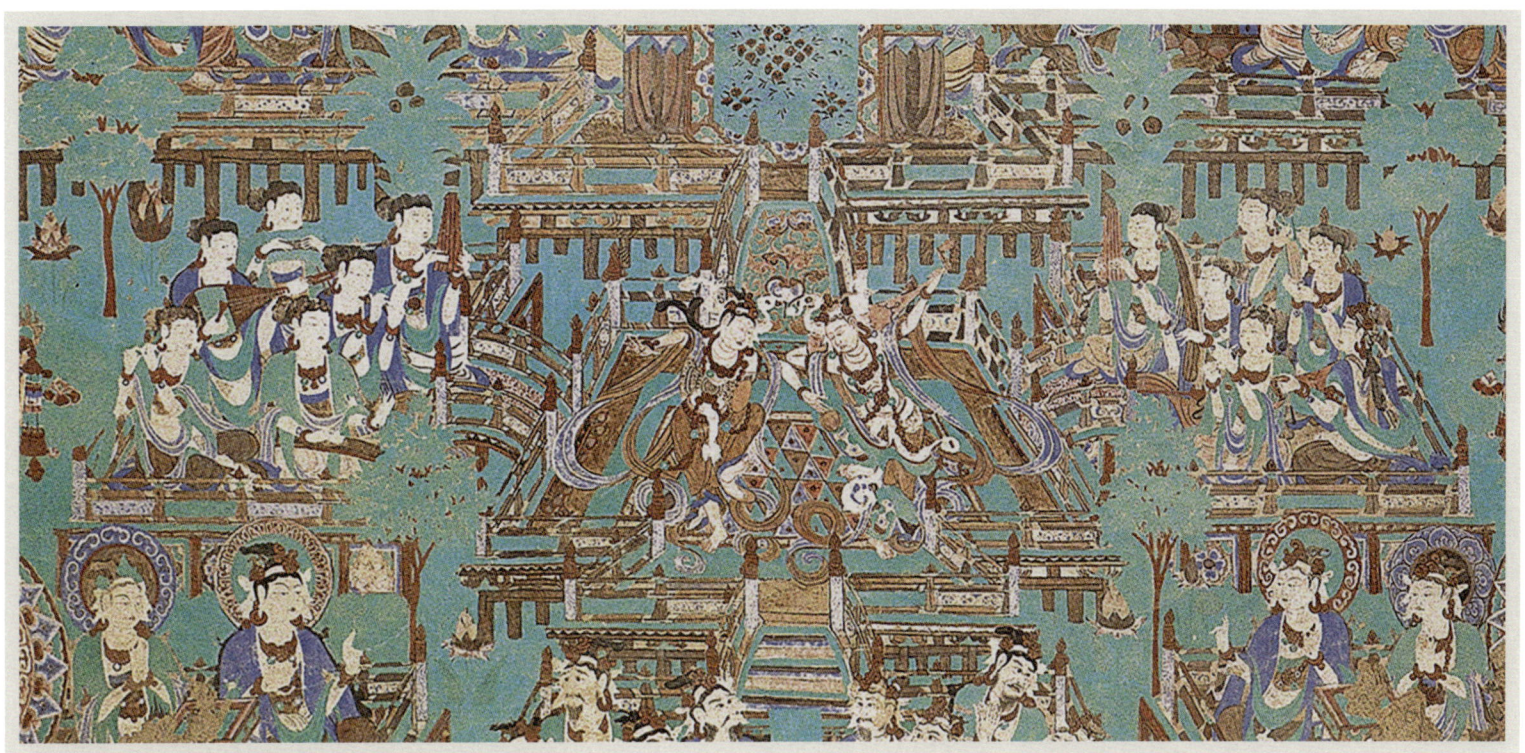

经变乐舞 药师经变 莫高窟第098窟（五代）北壁

华严海乐器 华严经变 莫高窟第098窟（五代）北壁

经变乐舞 思益梵天问经变 莫高窟第098窟（五代）北壁

菩萨伎乐 千手千钵文殊经变 莫高窟第099窟（五代）南壁

菩萨伎乐 普贤经变 莫高窟第099窟（五代）西壁

菩萨伎乐 文殊经变 莫高窟第099窟（五代）西壁

经变乐舞 世俗乐舞 莫高窟第100窟（五代）南壁

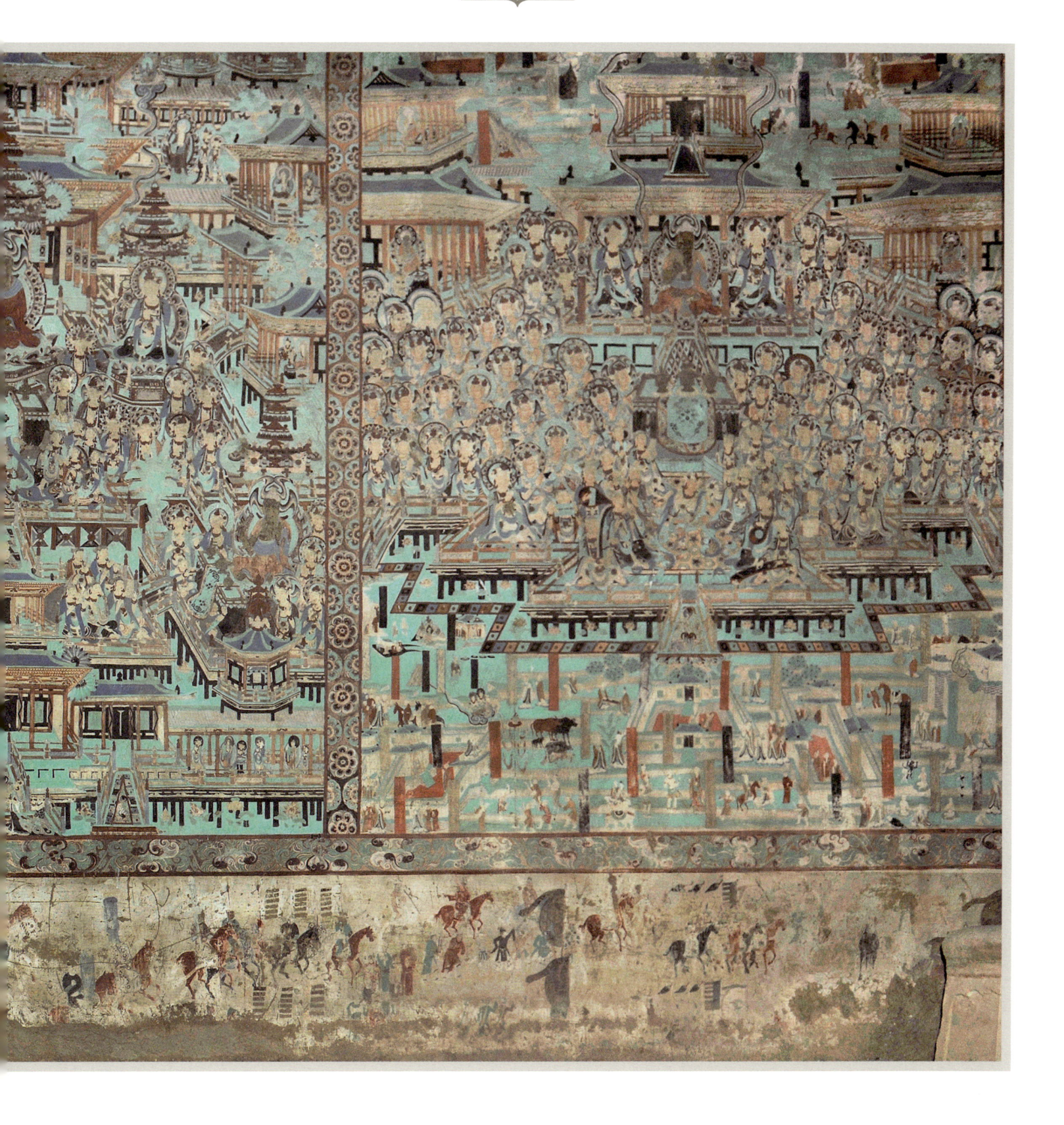

莫高窟第100窟

经变乐舞 世俗乐舞 莫高窟第100窟（五代）北壁

一 莫高窟乐舞壁画

莫高窟第100窟

不鼓自鸣乐 观无量寿经变 莫高窟第 103 窟（盛唐）北壁

经变乐舞 药师经变 莫高窟第 107 窟（晚唐）南壁

经变乐舞 阿弥陀经变 莫高窟第107窟（晚唐）北壁

经变乐舞 报恩经变 莫高窟第108窟（五代）南壁

经变乐舞 法华经变 莫高窟第108窟（五代）南壁

经变乐舞 阿弥陀经变 莫高窟第108窟（五代）南壁

经变乐舞 弥勒经变 莫高窟第108窟（五代）南壁

经变乐舞 药师经变 莫高窟第108窟（五代）北壁

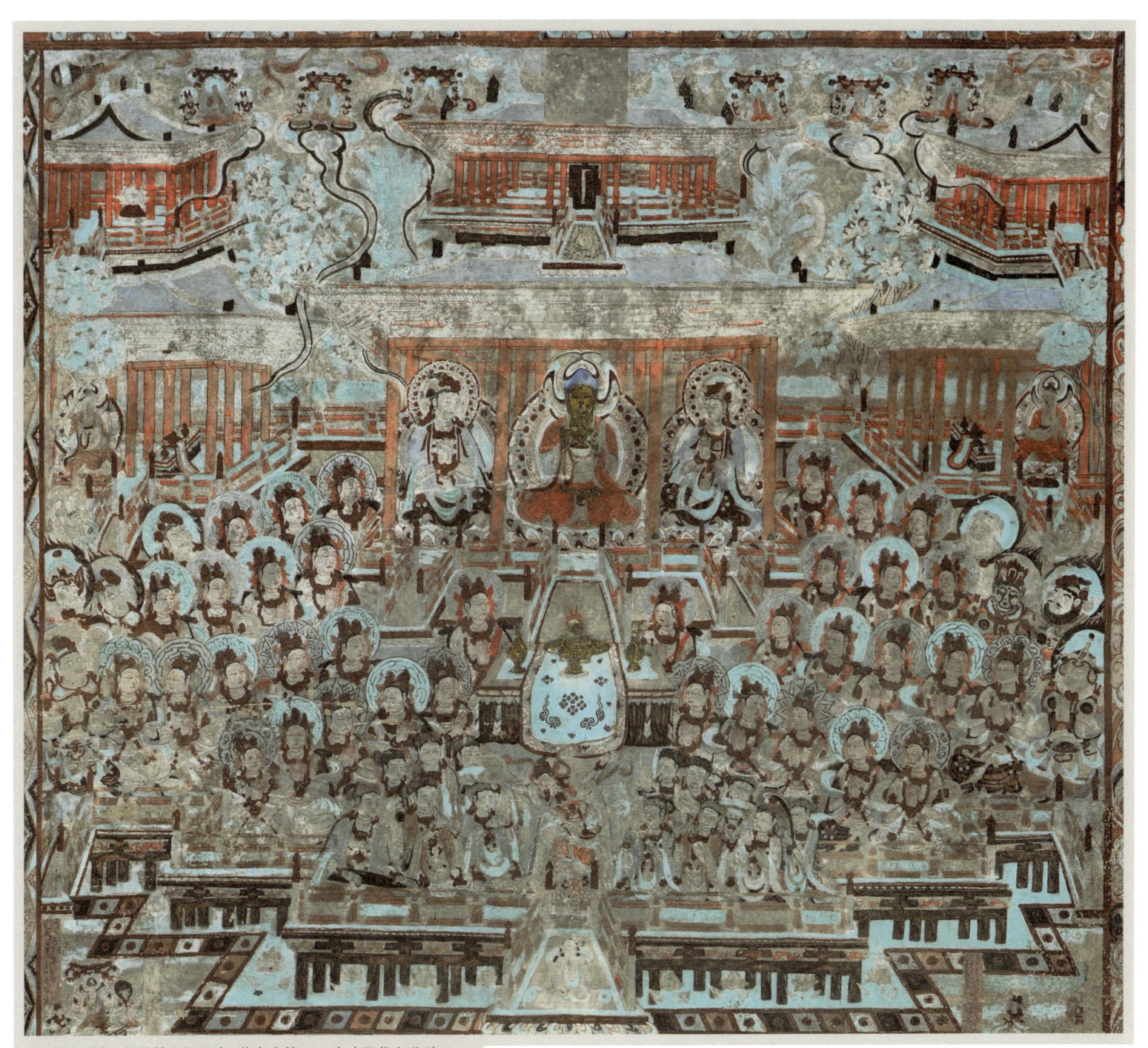

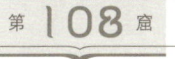

经变乐舞 思益梵天问经变 莫高窟第108窟（五代）北壁

世俗乐舞 思益梵天问经变 莫高窟第108窟（五代）东壁

不鼓自鸣乐 观无量寿经变 莫高窟第111窟（晚唐）南壁

经变乐舞 观无量寿经变 莫高窟第112窟（中唐）南壁

经变乐舞 观无量寿经变、金刚经变 莫高窟第112窟（中唐）南壁

莫高窟乐舞壁画 | 莫高窟 第112窟

壶门伎乐 莫高窟第112窟（中唐）西壁

壶门伎乐 莫高窟第112窟（中唐）西壁

壶门伎乐 莫高窟第112窟（中唐）西壁

壶门伎乐 莫高窟第112窟（中唐）西壁

雷公击鼓 观音经变 莫高窟第112窟（中唐）东壁

经变乐舞 报恩经变、药师经变 莫高窟第112窟（中唐）北壁

莫高窟 第112窟

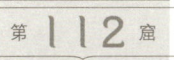

一 莫高窟乐舞壁画

经变乐舞 观无量寿经变 莫高窟第116窟（盛唐）南壁

不鼓自鸣乐 观无量寿经变 莫高窟第117窟（中唐）南壁

经变乐舞 观无量寿经变 莫高窟第118窟（宋）南壁

经变乐舞 药师经变 莫高窟第118窟（宋）北壁

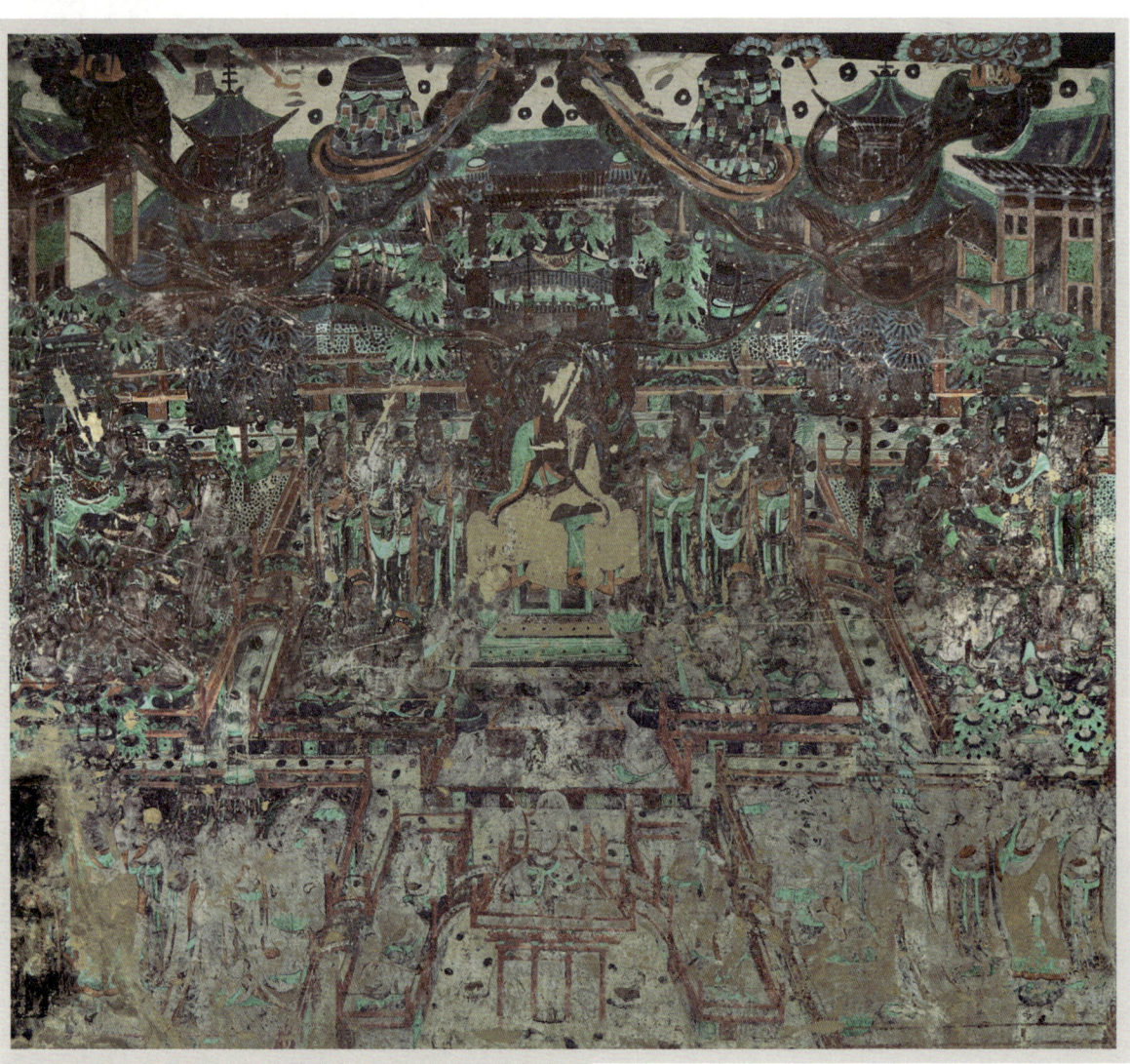

经变乐舞 观无量寿经变 莫高窟第120窟（盛唐）南壁

经变乐舞 净土变 莫高窟第121窟（五代）前室南壁

菩萨伎乐 普贤经变 莫高窟第121窟（盛唐）西壁

菩萨伎乐 文殊经变 莫高窟第121窟（盛唐）西壁

经变乐舞 观无量寿经变 莫高窟第122窟（盛唐）北壁

不鼓自鸣乐 阿弥陀经变 莫高窟第124窟（盛唐）北壁

经变乐舞 观无量寿经变 莫高窟第126窟（盛唐）南壁

经变乐舞 观无量寿经变 莫高窟第126窟（盛唐）北壁

菩萨伎乐 普贤经变 莫高窟第127窟（晚唐）西壁

菩萨伎乐 文殊经变 莫高窟第127窟（晚唐）西壁

经变乐舞 药师经变 莫高窟第128窟（晚唐）南壁

菩萨伎乐 普贤经变 莫高窟第128窟（晚唐）西壁 　　　　菩萨伎乐 文殊经变 莫高窟第128窟（晚唐）西壁

经变乐舞 阿弥陀经变 莫高窟第128窟（晚唐）北壁

经变乐舞 观无量寿经变 莫高窟第129窟（盛唐）南壁

飞天伎乐 莫高窟第130窟（盛唐）南壁

飞天伎乐 莫高窟第130窟（盛唐）北壁

飞天伎乐 莫高窟第130窟（盛唐）北壁

飞天伎乐 莫高窟第130窟（盛唐）北壁

莫高窟 第130窟

飞天伎乐 莫高窟第130窟（盛唐）东壁

飞天伎乐 莫高窟第130窟（盛唐）东壁

飞天伎乐 莫高窟第130窟（盛唐）东壁

经变乐舞 观无量寿经变 莫高窟第132窟（晚唐）南壁

经变乐舞 药师经变 莫高窟第132窟（晚唐）北壁

经变乐舞 药师经变 莫高窟第134窟（中唐）西壁

经变乐舞 天请问经变 莫高窟第135窟（中唐）西壁

飞天伎乐 莫高窟第136窟（西夏）西披

莫高窟
第 136、138 窟

一 莫高窟乐舞壁画

经变乐舞 阿弥陀经变 莫高窟第 136 窟（西夏）北壁

壶门伎乐 莫高窟第 138 窟（晚唐）佛台南向面

壶门伎乐 莫高窟第 138 窟（晚唐）佛台北向面

飞天伎乐 莫高窟第138窟（晚唐）南披

飞天伎乐 莫高窟第138窟（晚唐）北披

飞天伎乐 莫高窟第138窟（晚唐）东披

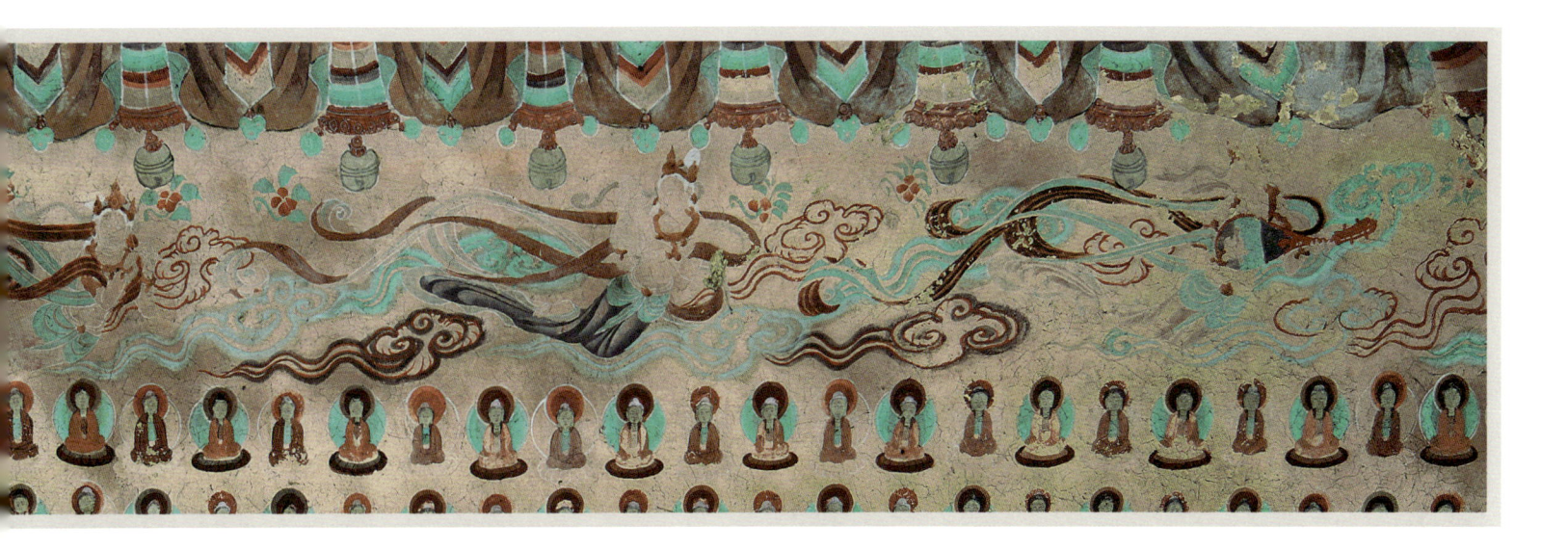

莫高窟第138窟

经变乐舞 天请问经变 莫高窟第138窟（晚唐）南壁

百戏 金刚经变 莫高窟第138窟（晚唐）南壁

莫高窟第138窟

经变乐舞 阿弥陀经变 莫高窟第138窟（晚唐）南壁

迦陵频伽伎乐 阿弥陀经变 莫高窟第138窟（晚唐）南壁

经变乐舞 金刚经变 莫高窟第138窟（晚唐）南壁

世俗乐舞 楞伽经变 莫高窟第138窟（晚唐）南壁

百戏 楞伽经变 莫高窟第138窟（晚唐）南壁

经变乐舞 报恩经变 莫高窟第138窟（晚唐）北壁

经变乐舞 金光明最胜王经变 莫高窟第138窟（晚唐）北壁

经变乐舞 药师经变 莫高窟第138窟（晚唐）北壁

经变乐舞 弥勒经变 莫高窟第138窟（晚唐）北壁

经变乐舞 报恩经变 莫高窟第138窟（晚唐）东壁

化生童子 净土变 莫高窟第140窟（晚唐）南壁

化生童子 净土变 莫高窟第140窟（晚唐）北壁

经变乐舞 报恩经变 莫高窟第141窟（晚唐）南壁

经变乐舞 观无量寿经变 莫高窟第141窟（晚唐）南壁

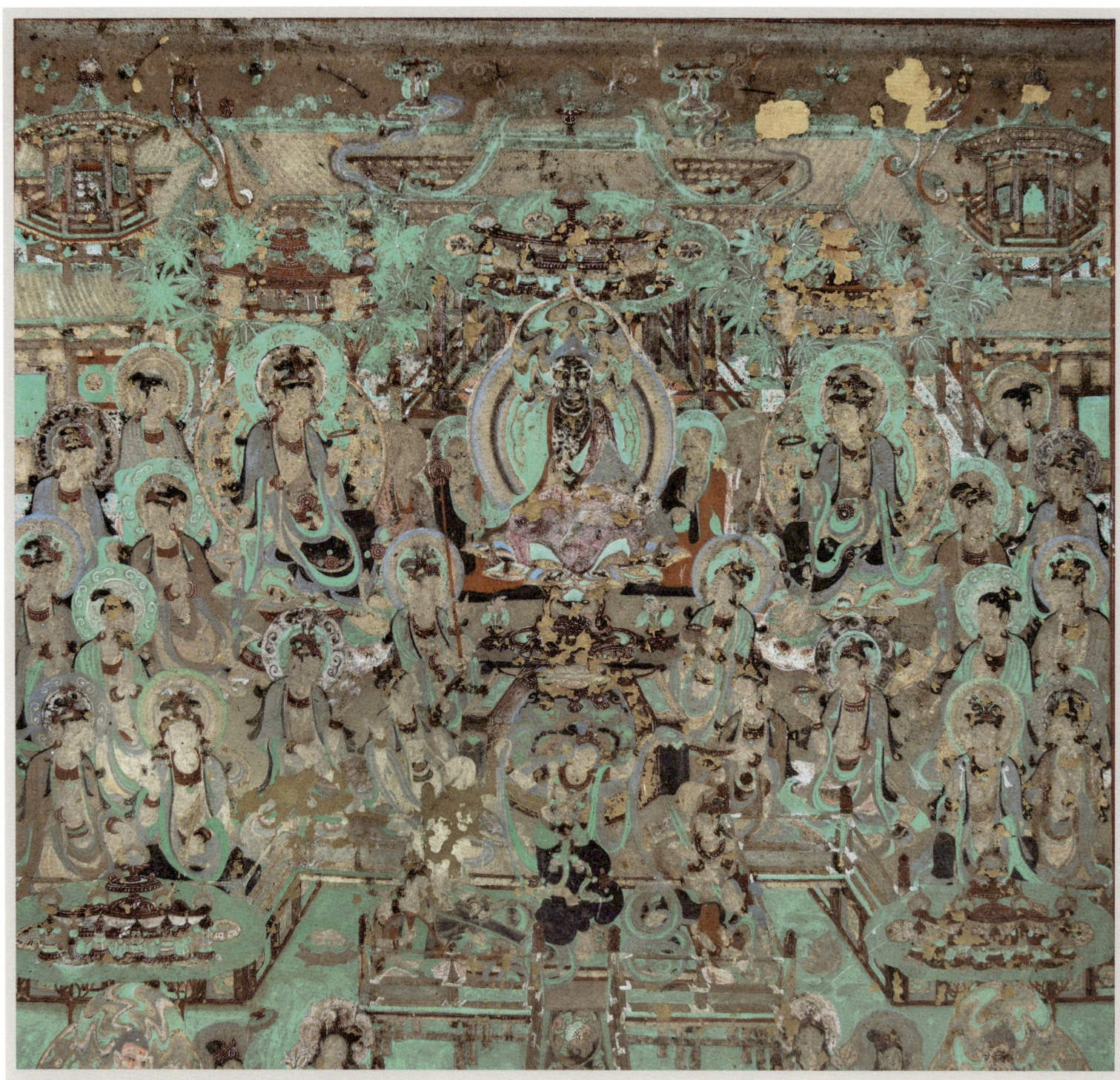

经变乐舞 药师经变 莫高窟第141窟（晚唐）北壁

莫 高 窟
第 142、144 窟

莫高窟乐舞壁画

飞天伎乐 莫高窟第142窟（西夏）窟顶

菩萨伎乐 曼荼罗 莫高窟第144窟（中唐）甬道顶

经变乐舞 金刚经变、观无量寿经变 莫高窟第144窟（中唐）南壁

莫高窟第144窟

经变乐舞 药师经变、报恩经变 莫高窟第144窟（中唐）北壁

莫高窟

一 莫高窟乐舞壁画

第 144 窟

壸门伎乐 莫高窟第144窟（中唐）佛台南向面

壸门伎乐 莫高窟第144窟（中唐）佛台北向面

壸门伎乐 莫高窟第144窟（中唐）佛台北向面

壸门伎乐 莫高窟第144窟（中唐）佛台北向面

菩萨伎乐 普贤经变 莫高窟第145窟（晚唐）西壁　　　　菩萨伎乐 文殊经变 莫高窟第145窟（晚唐）西壁

经变乐舞 金刚经变、观无量寿经变 莫高窟第145窟(晚唐)南壁

莫高窟

第145窟

一 莫高窟乐舞壁画

经变乐舞 药师经变 莫高窟第145窟（晚唐）北壁

经变乐舞 报恩经变 莫高窟第145窟（晚唐）北壁

壶门伎乐 莫高窟第146窟（五代）西龛须弥座

壶门伎乐 莫高窟第146窟（五代）西龛须弥座

壶门伎乐 莫高窟第146窟（五代）西龛须弥座

壶门伎乐 莫高窟第146窟（五代）西龛须弥座

壸门伎乐 莫高窟第146窟（五代）西龛须弥座

经变乐舞 报恩经变 莫高窟第146窟（五代）南壁

莫高窟乐舞壁画 | 莫高窟 第146窟 | 205

树下弹琴 报恩经变 莫高窟第146窟（五代）南壁

天王伎乐 莫高窟第146窟（宋）东北角

不鼓自鸣乐、世俗乐舞 法华经变 莫高窟第146窟（五代）南壁

经变乐舞 阿弥陀经变 莫高窟第146窟（五代）南壁

经变乐舞 弥勒经变 莫高窟第146窟（五代）南壁

莫高窟乐舞壁画

莫高窟 第146窟

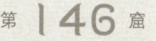

外道击鼓 劳度叉斗圣变 莫高窟第146窟（五代）西壁

比丘撞钟 劳度叉斗圣变 莫高窟第146窟（五代）西壁

外道女 劳度叉斗圣变 莫高窟第146窟（五代）西壁

伎乐 劳度叉斗圣变 莫高窟第146窟（五代）西壁

经变乐舞 天请问经变 莫高窟第146窟（五代）北壁

经变乐舞 药师经变 莫高窟第146窟（五代）北壁

经变乐舞 思益梵天问经变 莫高窟第146窟（五代）北壁

不鼓自鸣乐、世俗乐舞 维摩诘经变 莫高窟第146窟（五代）东壁

经变乐舞 弥勒经变 莫高窟第147窟（晚唐）南壁

菩萨伎乐 普贤经变 莫高窟第147窟（晚唐）西壁

菩萨伎乐 文殊经变 莫高窟第147窟（晚唐）西壁

经变乐舞 药师经变 莫高窟第147窟（晚唐）北壁

经变乐舞 金刚经变 莫高窟第147窟（晚唐）北壁

莫高窟　莫高窟乐舞壁画　第148窟

飞天伎乐　莫高窟第148窟（盛唐）南壁

飞天伎乐　莫高窟第148窟（盛唐）南壁

化生伎乐 弥勒上生下生经变 莫高窟第148窟（盛唐）南壁

化生伎乐 弥勒上生下生经变 莫高窟第148窟（盛唐）南壁

化生伎乐 弥勒上生下生经变 莫高窟第148窟（盛唐）南壁

化生伎乐 弥勒上生下生经变 莫高窟第148窟（盛唐）南壁

化生伎乐 弥勒上生下生经变 莫高窟第148窟（盛唐）南壁

化生伎乐 弥勒上生下生经变 莫高窟第148窟（盛唐）南壁

迦陵频伽伎乐 莫高窟第148窟（盛唐）南壁

迦陵频伽伎乐 莫高窟第148窟（盛唐）北壁

舞伎 药师经变 莫高窟第148窟（盛唐）东壁

世俗乐舞 药师经变 莫高窟第148窟（盛唐）东壁

经变乐舞 药师经变 莫高窟第148窟（盛唐）东壁

一　莫高窟乐舞壁画　　　莫高窟第148窟　　　227

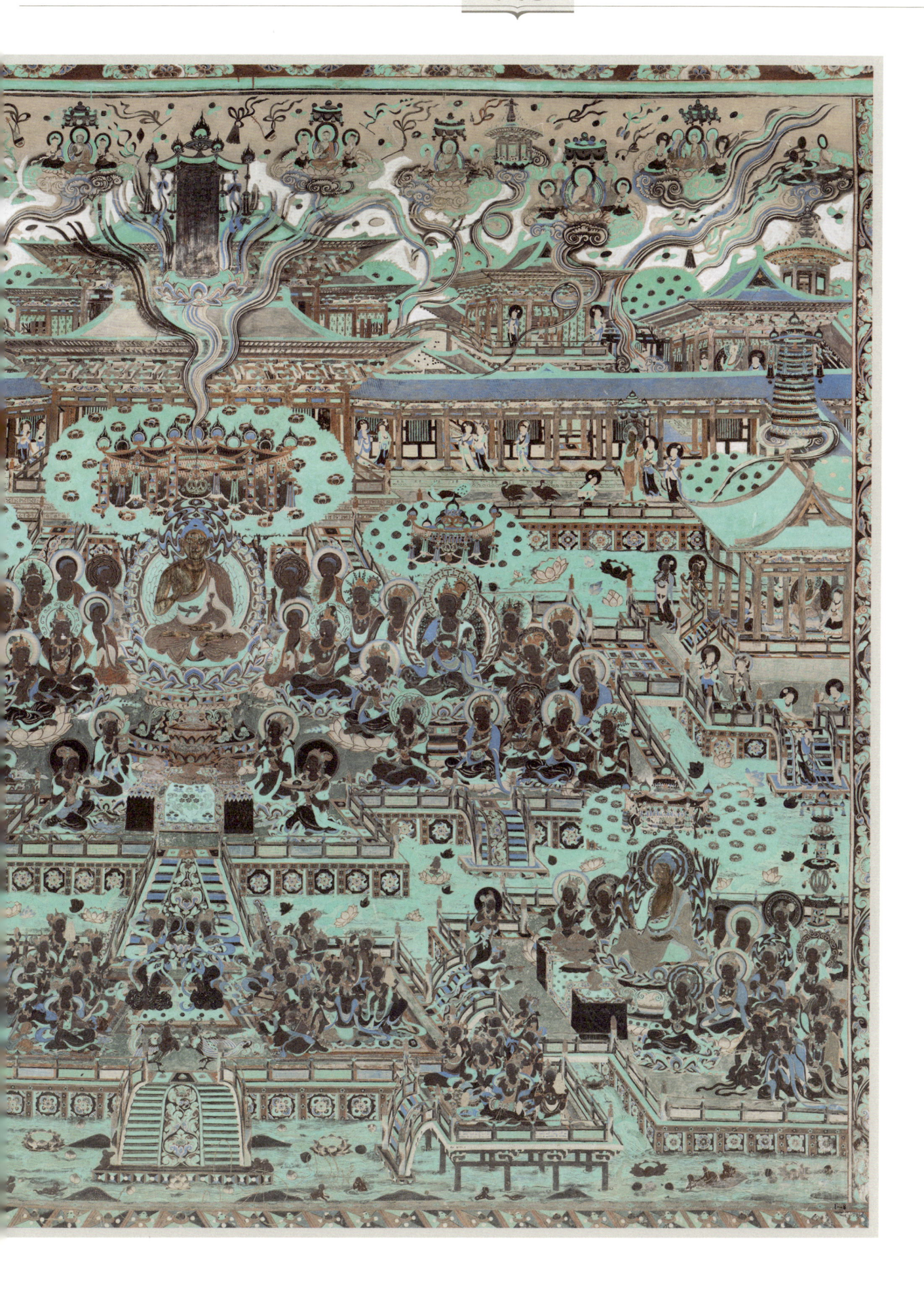

经变乐舞 观无量寿经变 莫高窟第148窟（盛唐）东壁

菩萨伎乐 千手观音变 莫高窟第148窟（盛唐）东壁

经变乐舞 药师经变 莫高窟第154窟（中唐）南壁

莫高窟 第154窟

婆罗门击大鼓 金光明最胜王经变 莫高窟第154窟经变（中唐）南壁

树下弹琴 报恩经变 莫高窟第154窟（中唐）北壁

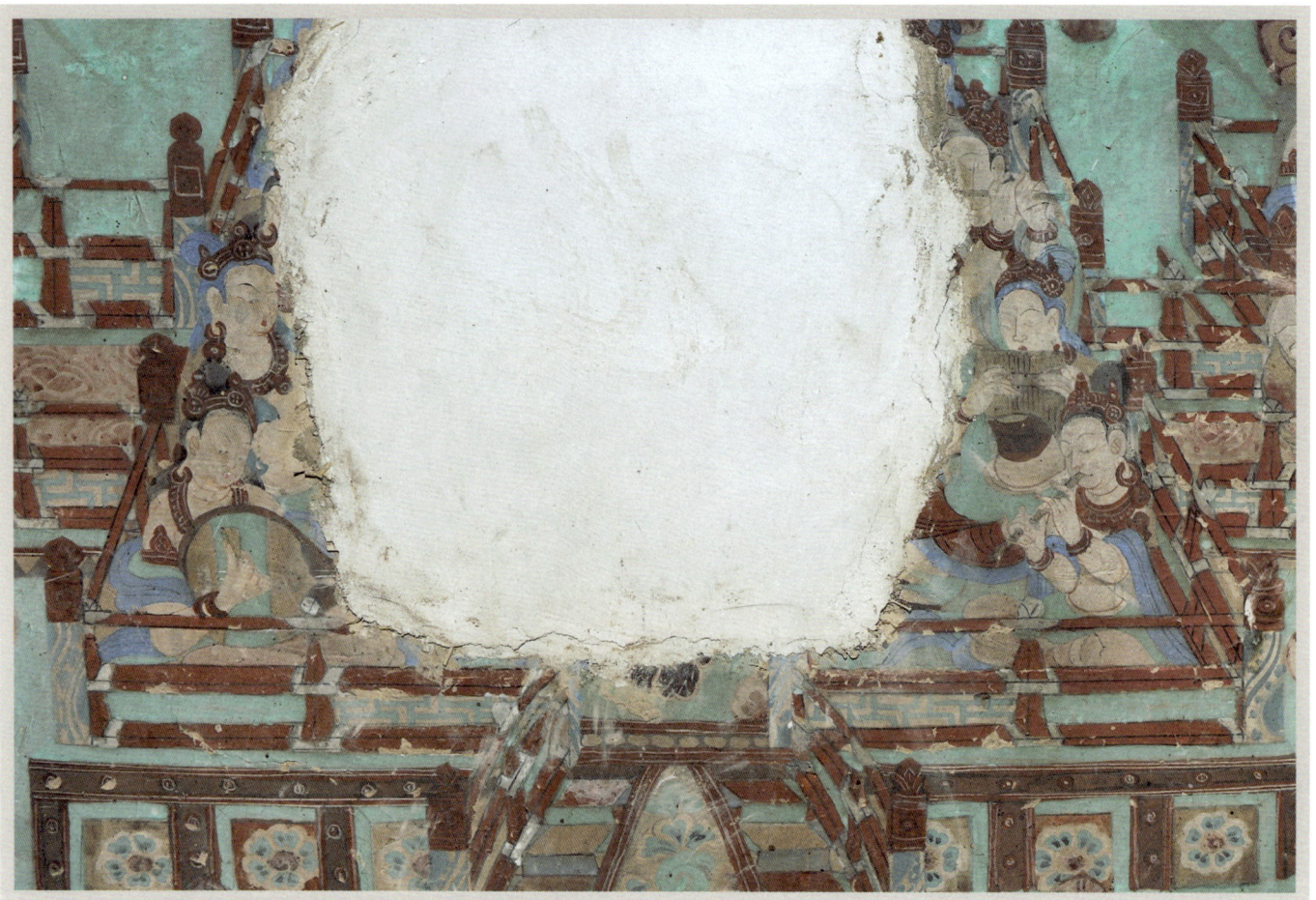

经变乐舞 观无量寿经变 莫高窟第154窟（中唐）北壁

经壁乐舞 报恩经变 莫高窟第154窟（中唐）北壁

婆罗门击金鼓 金光明最胜王经变 莫高窟第154窟（中唐）东壁

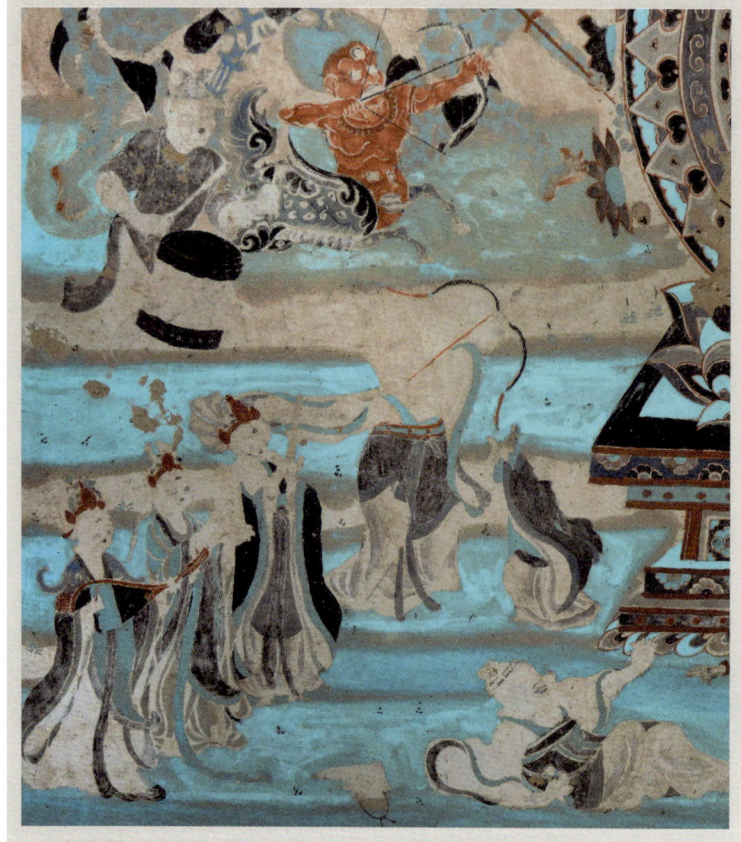

奏乐魔女 降魔变 莫高窟第156窟（晚唐）前室顶

菩萨伎乐 未知名曼荼罗 莫高窟第156窟（晚唐）甬道顶

菩萨伎乐 莫高窟第156窟（晚唐）佛龛北披

菩萨伎乐 莫高窟第156窟（晚唐）佛龛东披

百戏 楞伽经变 莫高窟第156窟（晚唐）东披

金刚经变、阿弥陀经变、思益梵天问经变、张议潮统军出行图 莫高窟第156窟（晚唐）南壁

莫高窟

一 莫高窟乐舞壁画

第156窟

世俗乐舞 张议潮统军出行图 莫高窟第156窟（晚唐）南壁

莫高窟 第156窟

菩萨伎乐 普贤经变 莫高窟第156窟（晚唐）西壁

菩萨伎乐 文殊经变 莫高窟第156窟（晚唐）西壁

壶门伎乐 莫高窟第156窟（晚唐）西壁

壶门伎乐 莫高窟第156窟（晚唐）西壁

莫高窟 第156窟

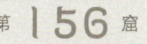

壶门伎乐 莫高窟第156窟（晚唐）西壁

世俗乐舞 宋国夫人出行图 莫高窟第156窟（晚唐）北壁

报恩经变、药师经变、天请问经变、宋国夫人出行图 莫高窟第156窟（晚唐）北壁

莫高窟乐舞壁画

莫高窟
第156窟

经变乐舞 金光明最胜王经变 莫高窟第156窟（晚唐）东壁

经变乐舞 上方净土变 莫高窟第158窟（中唐）窟顶

经变乐舞 西南方净土变 莫高窟第158窟（中唐）西披

经变乐舞 东方净土变 莫高窟第158窟（中唐）东披

经变乐舞 净土变 莫高窟第158窟（中唐）佛坛龛内

飞天伎乐 莫高窟第158窟（中唐）西壁

世俗乐舞 莫高窟第158窟（中唐）佛台东向

婆罗门击大鼓 金光明最胜王经变 莫高窟第158窟（中唐）东壁

经变乐舞 金光明经变 莫高窟第158窟（中唐）东壁

不鼓自鸣乐 迦陵频伽伎乐 思益梵天问经变 莫高窟第158窟（中唐）东壁

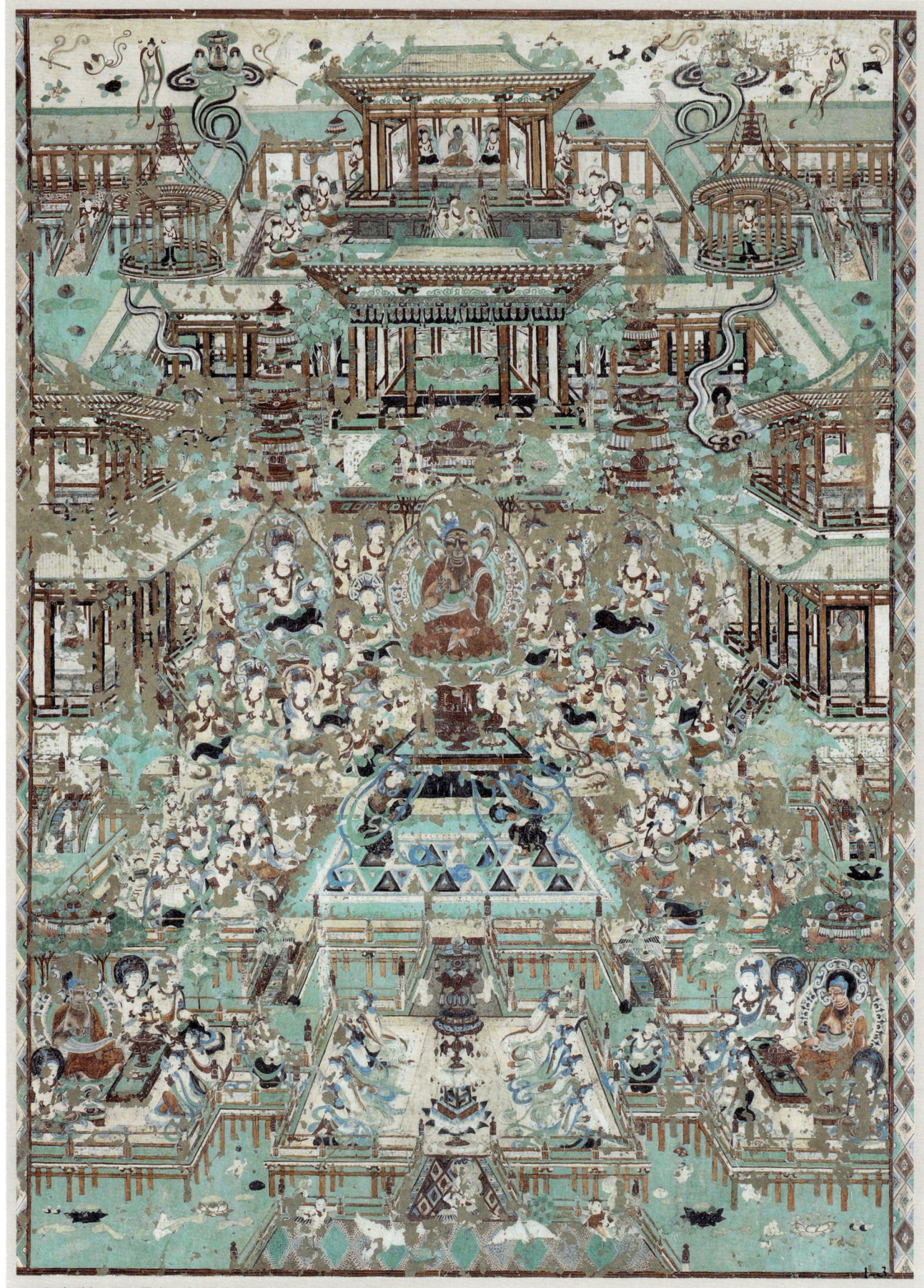

经变乐舞 观无量寿经变 莫高窟第159窟（中唐）南壁

菩萨伎乐 普贤经变 莫高窟第159窟（中唐）西壁

菩萨伎乐 文殊经变 莫高窟第159窟（中唐）西壁

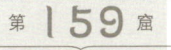

经变乐舞 药师经变 莫高窟第159窟（中唐）北壁

经变乐舞 观无量寿经变 莫高窟第160窟（晚唐）西壁

不鼓自鸣乐 莫高窟第160窟（晚唐）东壁

飞天伎乐 莫高窟第161窟（晚唐）南披

飞天伎乐 莫高窟第161窟（晚唐）西披

飞天伎乐 莫高窟第161窟（晚唐）北披

飞天伎乐 莫高窟第161窟（晚唐）东披

莫高窟乐舞壁画 | 莫高窟 第161、163窟 | 257

菩萨伎乐 普贤经变 莫高窟第161窟（中唐）北壁

菩萨伎乐 文殊经变 莫高窟第161窟（中唐）南壁

菩萨伎乐 不空绢索观音经变 莫高窟第163窟（晚唐）北壁

经变乐舞 药师经变 莫高窟第164窟（西夏）南壁

经变乐舞 阿弥陀经变 莫高窟第164窟（西夏）北壁

壸门伎乐 莫高窟第164窟（盛唐）南壁

壸门伎乐 莫高窟第164窟（盛唐）北壁

不鼓自鸣乐 莫高窟第164窟（西夏）北壁

壸门伎乐 莫高窟第164窟（西夏）北壁

经变乐舞 阿弥陀经变 莫高窟第167窟（晚唐）南壁

经变乐舞 药师经变 莫高窟第167窟（晚唐）北壁

菩萨伎乐 莫高窟第170窟（宋）前室西壁

菩萨伎乐 莫高窟第170窟（宋）前室西壁

菩萨伎乐 莫高窟第171窟（盛唐）西壁

经变乐舞 观无量寿经变 莫高窟第172窟（盛唐）南壁

菩萨伎乐 净土变 莫高窟第172窟（盛唐）东壁

莫高窟 第172窟

— 莫高窟乐舞壁画

经变乐舞 观无量寿经 莫高窟第172窟（盛唐）北壁

经变乐舞 药师经变 莫高窟第173窟（晚唐）东壁

经变乐舞 阿弥陀经变 莫高窟第173窟（晚唐）西壁

经变乐舞 观无量寿经变 莫高窟第176窟（盛唐）南壁

莫高窟
第 176、177 窟

经变乐舞 观无量寿经变 莫高窟第176窟（盛唐）西壁

经变乐舞 药师经变 莫高窟第177窟（晚唐）东壁

经变乐舞 药师经变 莫高窟第180窟（中唐）南壁

乐伎 药师经变 莫高窟第180窟（中唐）南壁

经变乐舞 观无量寿经变 莫高窟第180窟（中唐）北壁

经变乐舞 观无量寿经变 莫高窟第180窟（盛唐）东壁

世俗乐舞 弥勒经变 莫高窟第186窟（中唐）南披

菩萨伎乐 未知名经变 莫高窟第186窟（中唐）北壁

世俗乐舞 弥勒经变 莫高窟第186窟（中唐）北披

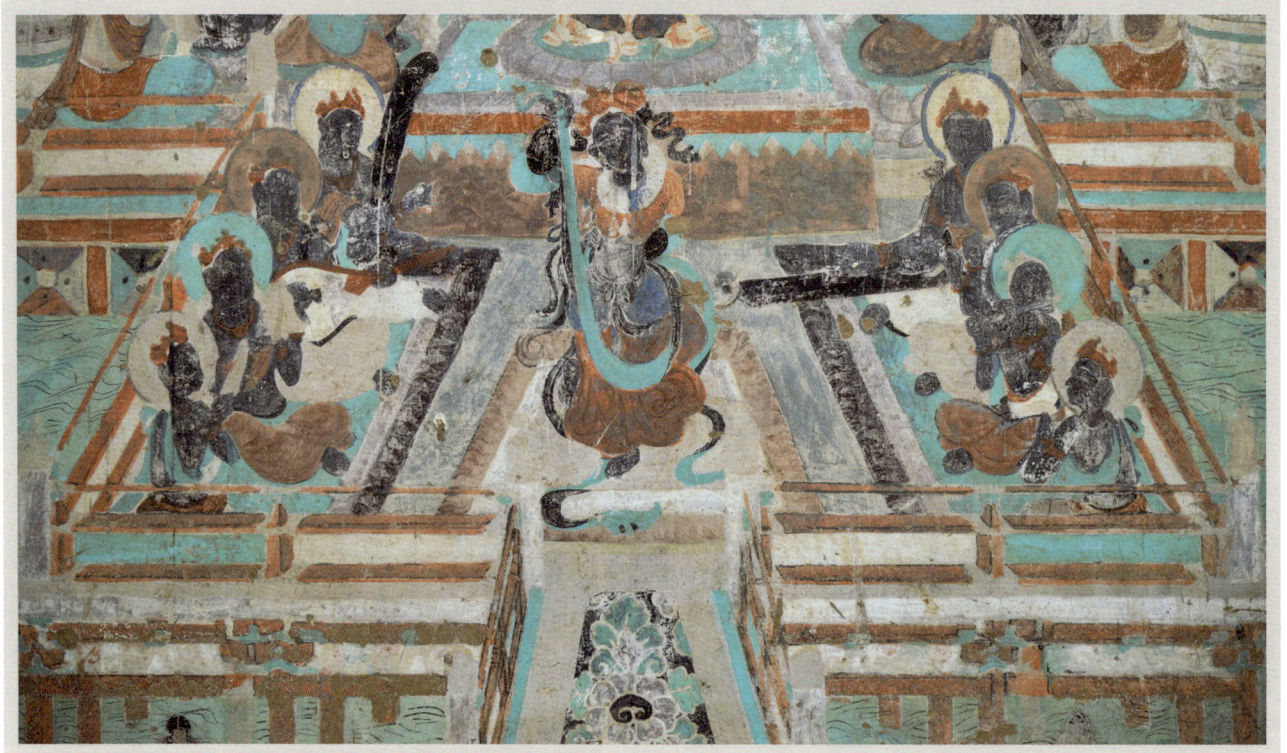

经变乐舞 观无量寿经变 莫高窟第188窟（中唐）南壁

经变乐舞 观无量寿经变 莫高窟第188窟（中唐）南壁

经变乐舞 观无量寿经变 莫高窟第188窟（中唐）北壁

经变乐舞 观无量寿经变 莫高窟第191窟（中唐）西壁

经变乐舞 阿弥陀经变 莫高窟第192窟（晚唐）南壁

经变乐舞 药师经变 莫高窟第192窟（晚唐）北壁

经变乐舞 观无量寿经变 莫高窟第194窟（盛唐）北壁

壸门伎乐 莫高窟第196窟（晚唐）佛坛下

不鼓自鸣乐 莫高窟第195窟（晚唐）西壁

壸门伎乐 莫高窟第196窟（晚唐）西壁

壸门伎乐 莫高窟第196窟（晚唐）西壁

壸门伎乐 莫高窟第196窟（晚唐）西壁

壸门伎乐 莫高窟第 196 窟（晚唐）西壁

壸门伎乐 莫高窟第 196 窟（晚唐）西壁

经变乐舞 金光明最胜王经变 莫高窟第196窟（晚唐）南壁

经变乐舞 阿弥陀经变 莫高窟第196窟（晚唐）南壁

比丘撞钟 劳度叉斗圣变 莫高窟第196窟（晚唐）西壁

华严海乐器 华严经变 莫高窟第196窟（晚唐）北壁

经变乐舞 药师经变 莫高窟第196窟（晚唐）北壁

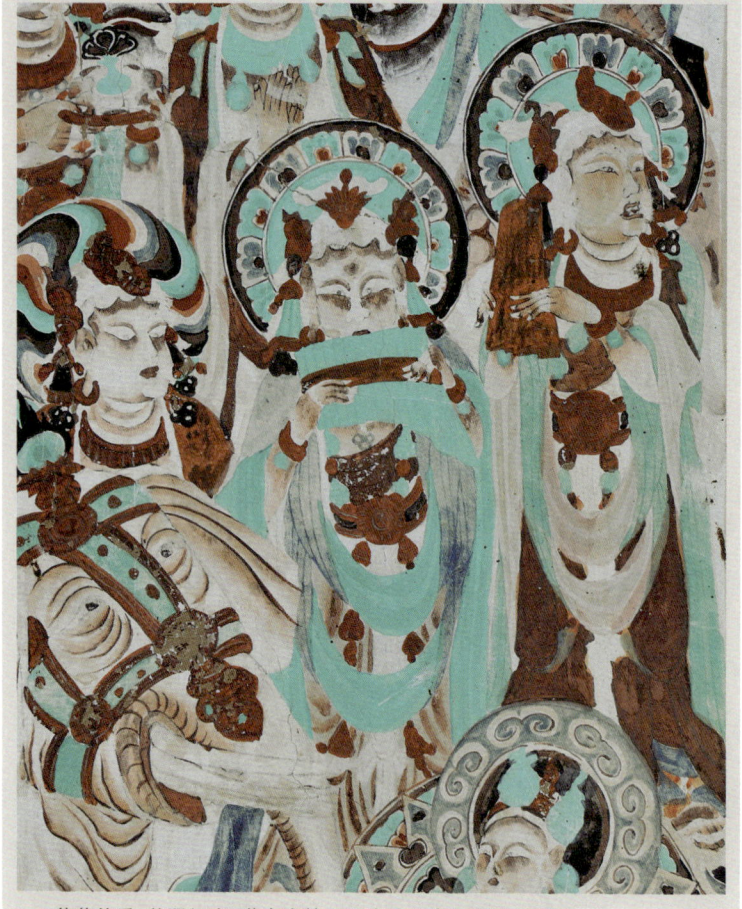

菩萨伎乐 普贤经变 莫高窟第196窟（晚唐）东壁

经变乐舞 文殊经变 莫高窟第196窟（晚唐）东壁

经变乐舞 观无量寿经变 莫高窟第197窟（中唐）北壁

经变乐舞 金刚经变 莫高窟第198窟（晚唐）南壁

经变乐舞 观无量寿经变 莫高窟第199窟（中唐）北壁

经变乐舞 报恩经变 莫高窟第200窟（中唐）南壁

经变乐舞 观无量寿经变 莫高窟第200窟（中唐）南壁

经变乐舞 观无量寿经变 莫高窟第201窟（中唐）南壁

经变乐舞 观无量寿经变 莫高窟第201窟（中唐）北壁

飞天伎乐 莫高窟第202窟（宋）南披

飞天伎乐 莫高窟第202窟（宋）北披

飞天伎乐 莫高窟第202窟（宋）东披

经变乐舞 阿弥陀经变 莫高窟第202窟（中唐）东壁

不鼓自鸣乐 药师经变 莫高窟第202窟（中唐）东壁

菩萨伎乐 弥勒经变 莫高窟第202窟（五代）南壁

壸门伎乐 莫高窟第205窟（五代）南壁

壸门伎乐 莫高窟第205窟（五代）南壁

经变乐舞 阿弥陀经变 莫高窟第205窟（初唐）北壁

飞天伎乐 莫高窟第207窟（西夏）南壁

飞天伎乐 莫高窟第207窟（西夏）北壁

迦陵频伽伎乐 莫高窟第208窟（盛唐）西披

不鼓自鸣乐 观无量寿经变 莫高窟第208窟（盛唐）南壁

飞天伎乐 莫高窟第209窟（初唐）西披

莫高窟

第 208、209 窟

莫高窟乐舞壁画

不鼓自鸣乐 阿弥陀经变 高窟第211窟（初唐）北壁

经变乐舞 弥勒经变 莫高窟第215窟（盛唐）南壁

莫高窟乐舞壁画 | 莫高窟 第215窟

不鼓自鸣乐 观无量寿经变 莫高窟第215窟（盛唐）北壁

经变乐舞 观无量寿经变 莫高窟第215窟（盛唐）北壁

飞天伎乐 莫高窟第216窟（盛唐）西龛顶

飞天伎乐 莫高窟第216窟（盛唐）西龛顶

经变乐舞 观无量寿经变 莫高窟第217窟（盛唐）北壁

经变乐舞 观无量寿经变 莫高窟第217窟（盛唐）北壁

壸门伎乐 弥勒经变 莫高窟第218窟（盛唐）北壁

经变乐舞 观无量寿经变 莫高窟第218窟（盛唐）南壁

经变乐舞 西方净土变 莫高窟第220窟（初唐）南壁

莫高窟 第220窟

莫高窟乐舞壁画

飞天伎乐 莫高窟第220窟（初唐）西龛

经变乐舞 药师经变 莫高窟第220窟（初唐）北壁

莫高窟 第220窟

一 莫高窟乐舞壁画

307

飞天伎乐 莫高窟第220窟（初唐）西龛

经变乐舞 药师经变 莫高窟第220窟（初唐）北壁

莫高窟

一 莫高窟乐舞壁画

第 220 窟

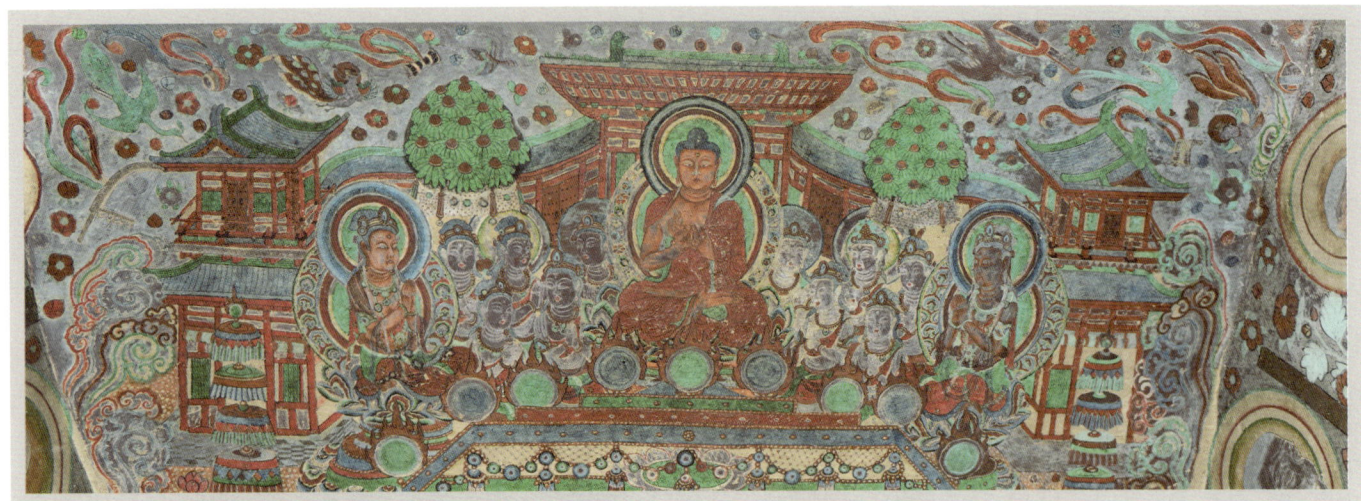

不鼓自鸣乐 迦陵频伽伎乐 莫高窟第225窟（盛唐）南壁

迦陵频伽伎乐 涅槃经变 莫高窟第225窟（盛唐）北壁

经变乐舞 阿弥陀经变 莫高窟第227窟（晚唐）南壁

不鼓自鸣乐 莫高窟第231窟（宋）窟外

飞天伎乐 莫高窟第231窟（中唐）西披

飞天伎乐 莫高窟第231窟（中唐）北披

不鼓自鸣乐 天请问经变 莫高窟第231窟（中唐）南壁

不鼓自鸣乐 法华经变 莫高窟第231窟（中唐）南壁

经变乐舞 观无量寿经变 莫高窟第231窟（中唐）南壁

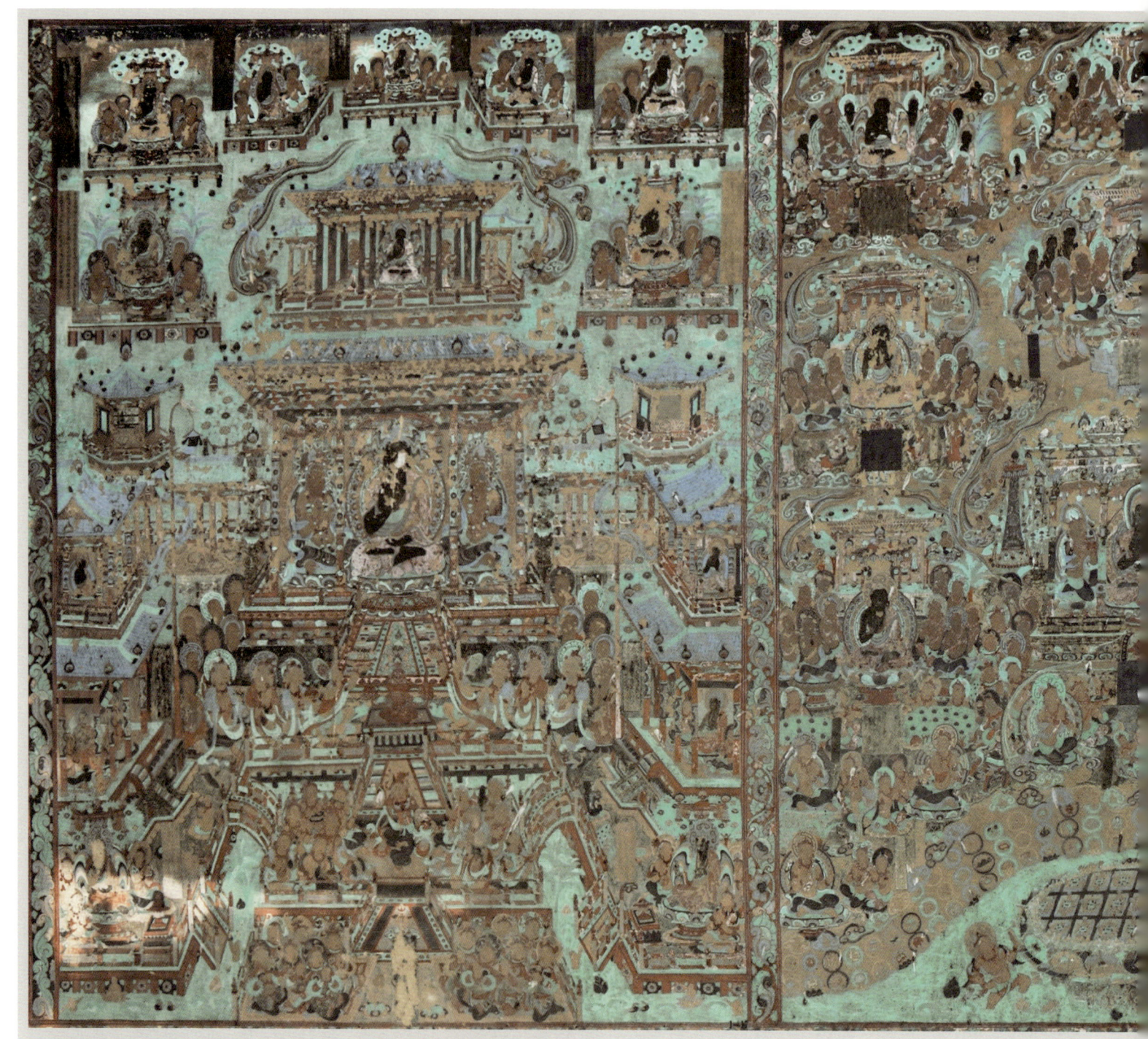

经变乐舞 药师经变、华严经变、弥勒经变 莫高窟第231窟（中唐）北壁

莫高窟 第231窟

经变乐舞 报恩经变 莫高窟第231窟（中唐）东壁

经变乐舞 观无量寿经变 莫高窟第232窟（晚唐）南壁

经变乐舞 药师经变 莫高窟第232窟（晚唐）北壁

莫 高 窟

第 232、233 窟

世俗乐舞 药师经变 莫高窟第232窟（晚唐）北壁

菩萨伎乐 千手眼经变 莫高窟第232窟（晚唐）东壁

飞天伎乐 莫高窟第233窟（晚唐）南披

飞天伎乐 莫高窟第233窟（晚唐）南披

飞天伎乐 莫高窟第233窟（晚唐）南坡

飞天伎乐 莫高窟第233窟（晚唐）南坡

飞天伎乐 莫高窟第233窟（晚唐）西坡

飞天伎乐 莫高窟第233窟（晚唐）西坡

飞天伎乐 莫高窟第233窟（晚唐）北披

飞天伎乐 莫高窟第233窟（晚唐）北披

飞天伎乐 莫高窟第233窟（晚唐）北披

飞天伎乐 莫高窟第233窟（晚唐）北披

飞天伎乐 莫高窟第233窟（晚唐）东披

飞天伎乐 莫高窟第233窟（晚唐）东披

菩萨伎乐 莫高窟第234窟（西夏）南壁

经变乐舞 观无量寿经变 莫高窟第236窟（中唐）南壁

经变乐舞 药师经变 莫高窟第236窟（中唐）北壁

不鼓自鸣乐　莫高窟第237窟（中唐）前室西壁

不鼓自鸣乐　莫高窟第237窟（中唐）前室西壁

莫高窟
第237窟

一 莫高窟乐舞壁画

325

经变乐舞 观无量寿经变 莫高窟第237窟（中唐）南壁

莫高窟 第237窟

菩萨伎乐 普贤经变 莫高窟第237窟（中唐）西壁

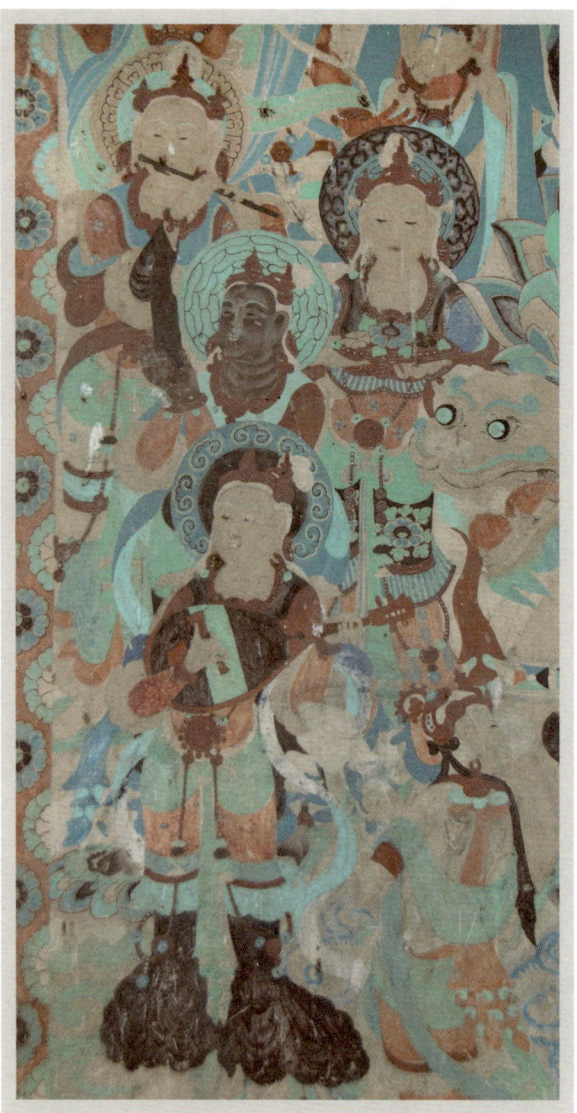

菩萨伎乐 文殊经变 莫高窟第237窟（中唐）西壁

不鼓自鸣乐 华严经变 莫高窟第237窟（中唐）北壁

不鼓自鸣乐 药师经变 莫高窟第237窟（中唐）北壁

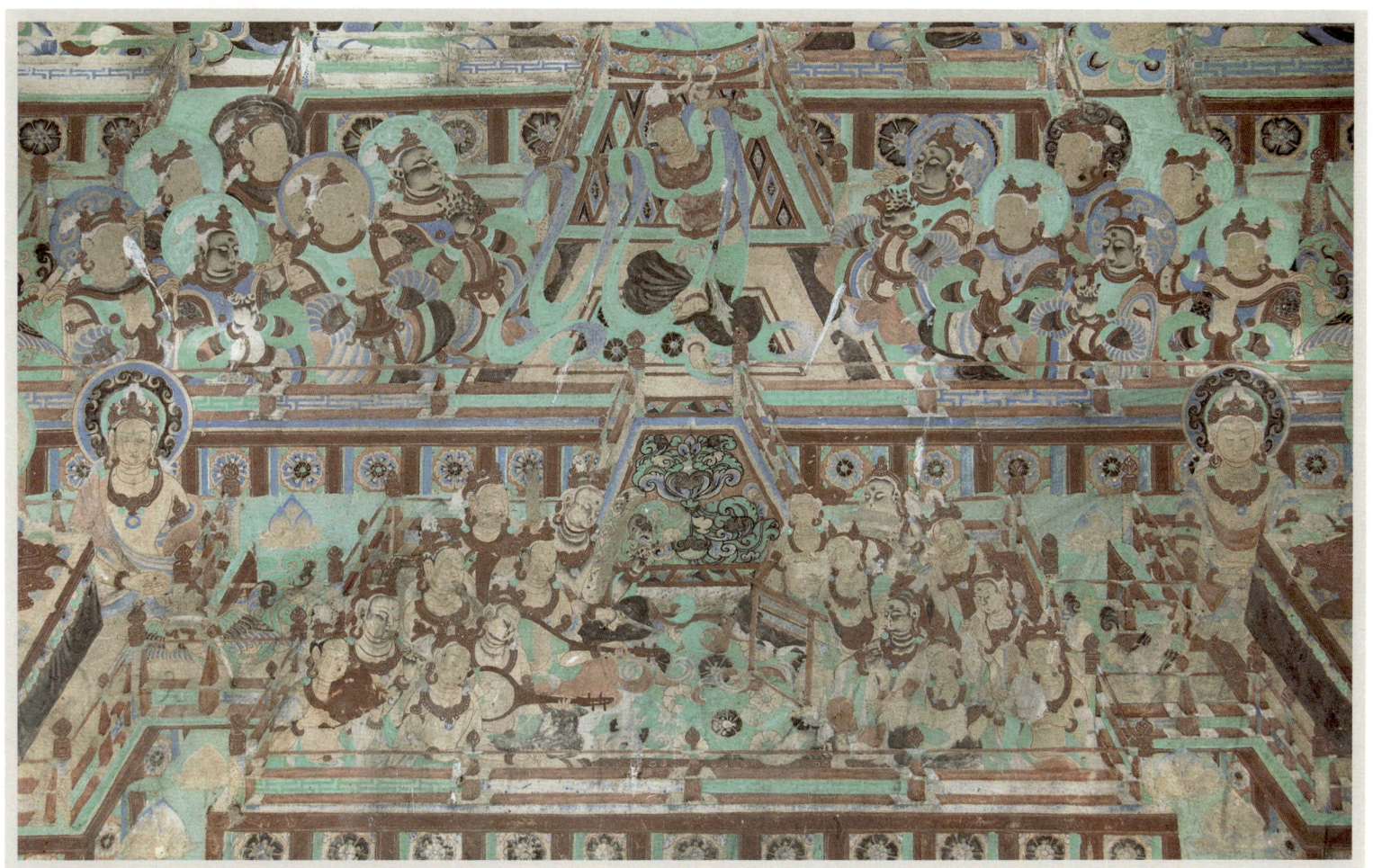

经变乐舞 药师经变 莫高窟第237窟（中唐）北壁

经变乐舞 观无量寿经变 莫高窟第238窟（中唐）南壁

经变乐舞 药师经变 莫高窟第238窟（中唐）北壁

经变乐舞 观无量寿经变 莫高窟第240窟（中唐）南壁

经变乐舞 药师经变 莫高窟第240窟（中唐）北壁

壶门伎乐 莫高窟第244窟（西夏）南壁

壶门伎乐 莫高窟第244窟（西夏）南壁

天宫伎乐 莫高窟第248窟（西魏）南壁

天宫伎乐 莫高窟第248窟（西魏）南壁

药叉伎乐 莫高窟第248窟（西魏）南壁

天宫伎乐　莫高窟第248窟（西魏）北壁

天宫伎乐　莫高窟第248窟（西魏）北壁

雷公击鼓 莫高窟第249窟（西魏）西披

力士倒立 莫高窟第249窟（西魏）北披

天宫伎乐 莫高窟第249窟（西魏）南壁

天宫伎乐 莫高窟第249窟（西魏）南壁

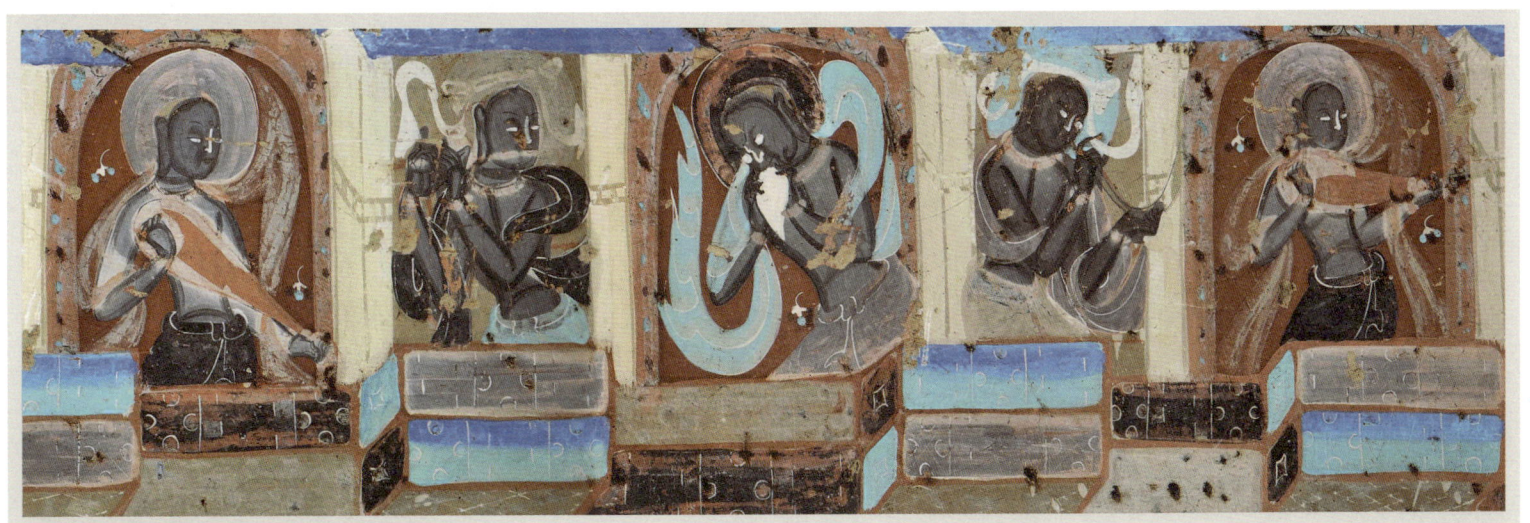

天宫伎乐 莫高窟第249窟（西魏）南壁

飞天伎乐 莫高窟第249窟（西魏）西壁

化生伎乐 莫高窟第249窟（西魏）西壁

天宫伎乐 莫高窟第249窟（西魏）北壁

天宫伎乐 莫高窟第249窟（西魏）北壁

药叉伎乐 莫高窟第249窟（西魏）北壁

飞天伎乐 莫高窟第250窟（北周）西披

飞天伎乐 莫高窟第250窟（北周）北披

飞天伎乐 莫高窟第250窟（北周）西龛

飞天伎乐 莫高窟第250窟（北周）西龛

天宫伎乐 莫高窟第251窟（北魏）南壁

天宫伎乐 莫高窟第251窟（北魏）南壁

天宫伎乐 莫高窟第251窟（北魏）北壁

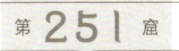

天宫伎乐 莫高窟第251窟（北魏）北壁

药叉伎乐 莫高窟第254窟（北魏）南壁

药叉伎乐 莫高窟第254窟（北魏）南壁

天宫伎乐 莫高窟第254窟（北魏）北壁

天宫伎乐 莫高窟第254窟（北魏）北壁

天宫伎乐 莫高窟第254窟（北魏）北壁

药叉伎乐 莫高窟第254窟(北魏)北壁

药叉伎乐 莫高窟第254窟(北魏)北壁

第 256 窟

壸门乐器 莫高窟第256窟（宋）上层佛坛

壸门乐器 莫高窟第256窟（宋）上层佛坛

壸门乐器 莫高窟第256窟（宋）上层佛坛

壸门乐器 莫高窟第256窟（宋）上层佛坛

壸门伎乐 莫高窟第256窟（宋）下层佛坛

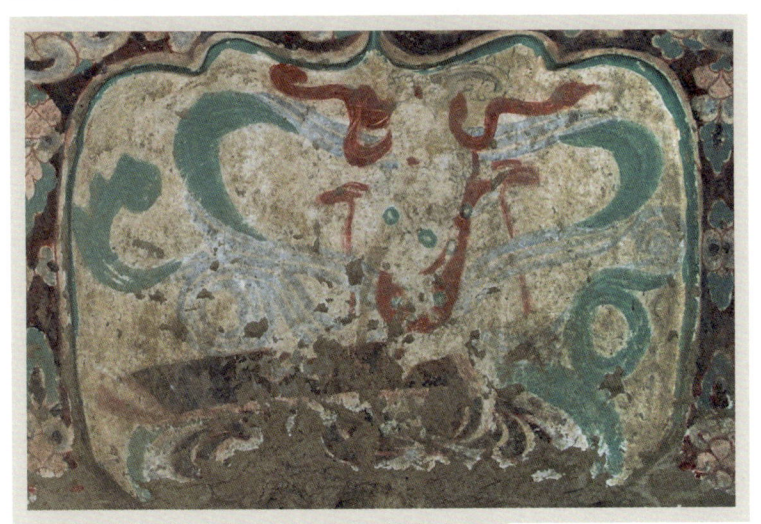

壸门伎乐 莫高窟第256窟（宋）下层佛坛

飞天伎乐 莫高窟第257窟（北魏）中心柱东向面

飞天伎乐 莫高窟第257窟（北魏）中心柱东向面

莫 高 窟 乐 舞 壁 画

莫 高 窟 第257窟

347

化生伎乐 莫高窟第257窟（北魏）中心柱龛楣

天宫伎乐 莫高窟第257窟（北魏）南壁

天宫伎乐 莫高窟第257窟（北魏）南壁

药叉伎乐 莫高窟第257窟（北魏）南壁

莫高窟第257窟

天宫伎乐 莫高窟第257窟（北魏）北壁

天宫伎乐 莫高窟第257窟（北魏）北壁

经变乐舞 报恩经变 莫高窟第258窟（中唐）南壁

经变乐舞 观无量寿经变 莫高窟第258窟（中唐）北壁

药叉伎乐 莫高窟第259窟(北魏)北壁

药叉伎乐 莫高窟第260窟(北魏)中心柱西向面

天宫伎乐 莫高窟第260窟（北魏）南壁

天宫伎乐 莫高窟第260窟（北魏）南壁

天宫伎乐 莫高窟第260窟（北魏）西壁

天宫伎乐 莫高窟第260窟（北魏）北壁

菩萨伎乐 莫高窟第260窟（宋）东壁

世俗乐舞 法华经变 莫高窟第261窟（五代）南壁

菩萨伎乐 莫高窟第262窟（隋）西壁

菩萨舞伎 莫高窟第263窟(北魏)北壁

飞天伎乐 莫高窟第266窟（隋）南壁

天宫伎乐 莫高窟第272窟（十六国）西披

莫高窟 第266、272窟

一 莫高窟乐舞壁画

飞天伎乐 莫高窟第266窟（隋）南壁

天宫伎乐 莫高窟第272窟（十六国）东披

莫高窟乐舞壁画　　　　　　　莫高窟第272窟　　　　　　　359

天宫伎乐　莫高窟第272窟（十六国）南披

菩萨伎乐 莫高窟第275窟（十六国）南壁

菩萨伎乐 莫高窟第275窟（十六国）南壁

菩萨伎乐 莫高窟第275窟（十六国）南壁

世俗伎乐 伎乐供养人 莫高窟第275窟（十六国）北壁

飞天伎乐 莫高窟第276窟（隋）窟顶

飞天伎乐 莫高窟第276窟（隋）窟顶

菩萨伎乐 莫高窟第278窟（隋）西壁

飞天伎乐 莫高窟第278窟（隋）北壁

菩萨伎乐 乘象入胎 莫高窟第280窟（初唐）西壁

菩萨伎乐 莫高窟第283窟（初唐）西壁

雷公击鼓 莫高窟第285窟（西魏）西披

药叉伎乐 莫高窟第285窟（西魏）北壁

药叉伎乐 莫高窟第285窟（西魏）北壁

飞天伎乐 莫高窟第285窟（西魏）南壁

飞天伎乐 莫高窟第285窟（西魏）南壁

莫高窟乐舞壁画 | 莫高窟第285窟

化生伎乐 莫高窟第285窟（西魏）西壁

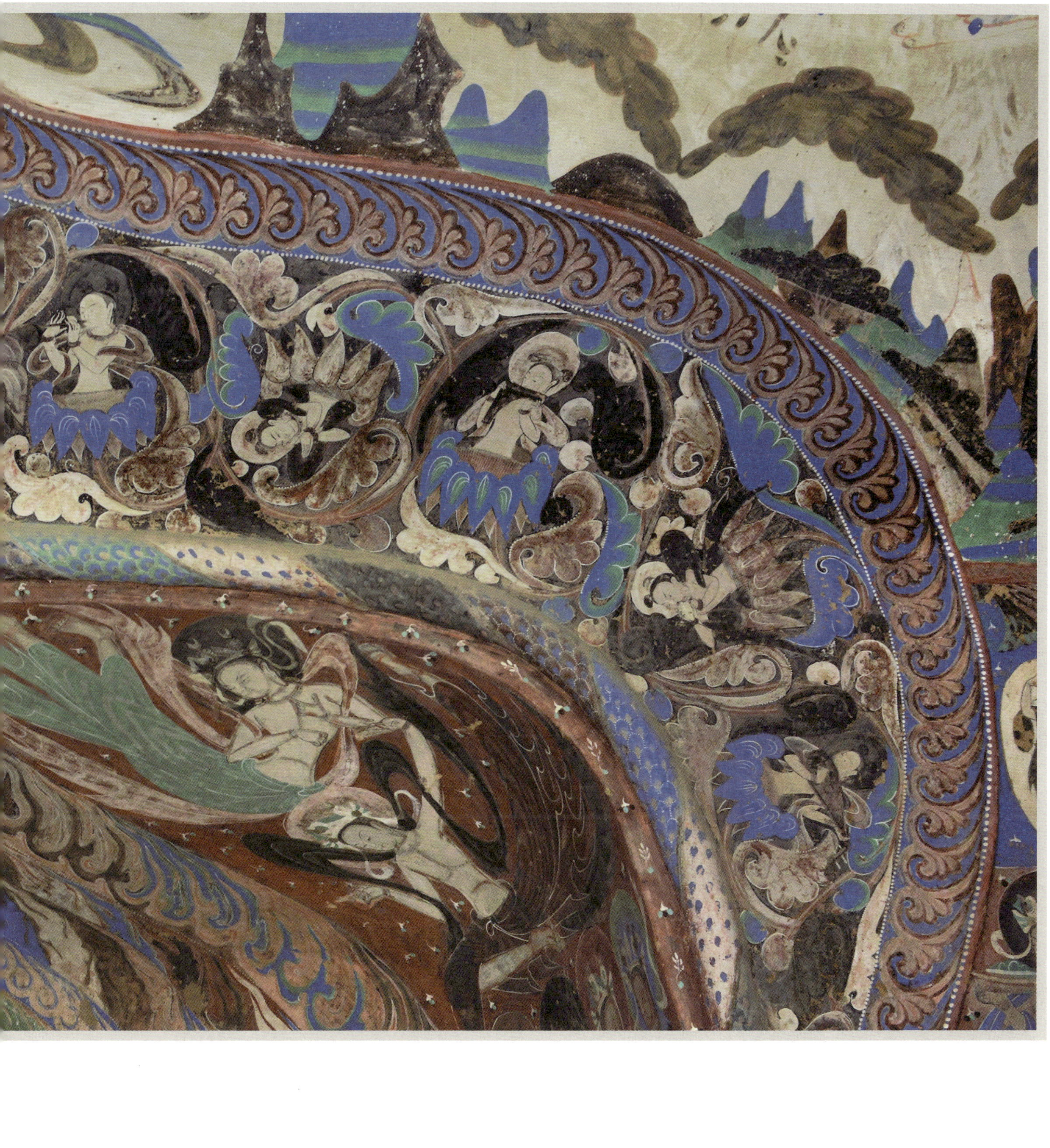

莫高窟 第288窟

天宫伎乐　莫高窟第288窟（西魏）南壁

天宫伎乐　莫高窟第288窟（西魏）南壁

莫高窟第288窟

天宫伎乐 莫高窟第288窟（西魏）西壁

天宫伎乐 莫高窟第288窟（西魏）西壁

莫高窟乐舞壁画

莫高窟
第288窟

天宫伎乐 莫高窟第288窟（西魏）北壁

天宫伎乐 莫高窟第288窟（西魏）北壁

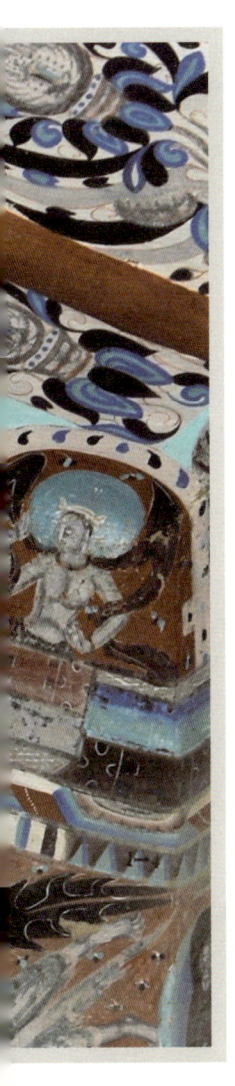

莫高窟
第288窟

— 莫高窟乐舞壁画

375

天宫伎乐 莫高窟第288窟（西魏）北壁

天宫伎乐　莫高窟第 288 窟（西魏）东壁

天宫伎乐　莫高窟第 288 窟（西魏）东壁

莫高窟乐舞壁画 莫高窟 第288窟

天宫伎乐 莫高窟第288窟（西魏）东壁

天宫伎乐 莫高窟第288窟（西魏）东壁

世俗乐舞 莫高窟第290窟（北周）东披

世俗乐舞 莫高窟第290窟（北周）东披

乐伎 佛传故事 莫高窟第290窟（北周）东披

飞天伎乐 莫高窟第290窟（北周）东坡

世俗乐舞 佛传故事 莫高窟第290窟（北周）东坡

伎乐 佛传故事 莫高窟第290窟（北周）人字披东披

伎乐 佛传故事 莫高窟第290窟（北周）人字披西披

莫高窟 第290窟

飞天伎乐 莫高窟第290窟（北周）南壁

飞天伎乐 莫高窟第290窟（北周）北壁

莫高窟
第290窟

飞天伎乐 莫高窟第290窟（北周）南壁

飞天伎乐 莫高窟第290窟（北周）北壁

飞天伎乐 莫高窟第290窟（北周）北壁

飞天伎乐 莫高窟第290窟（北周）东壁

飞天伎乐 莫高窟第290窟（北周）东壁

莫高窟

第290窟

莫高窟乐舞壁画

飞天伎乐 莫高窟第292窟（隋）南壁

经变乐舞 药师经变 莫高窟第294窟（五代）甬道顶

飞天伎乐 莫高窟第294窟（北周）南壁

飞天伎乐 莫高窟第294窟（北周）北壁

飞天伎乐 莫高窟第294窟（北周）西披

飞天伎乐 莫高窟第294窟（北周）西披

世俗乐舞 莫高窟第296窟（北周）东披

飞天伎乐 莫高窟第296窟（北周）南壁

飞天伎乐 莫高窟第296窟（北周）北壁

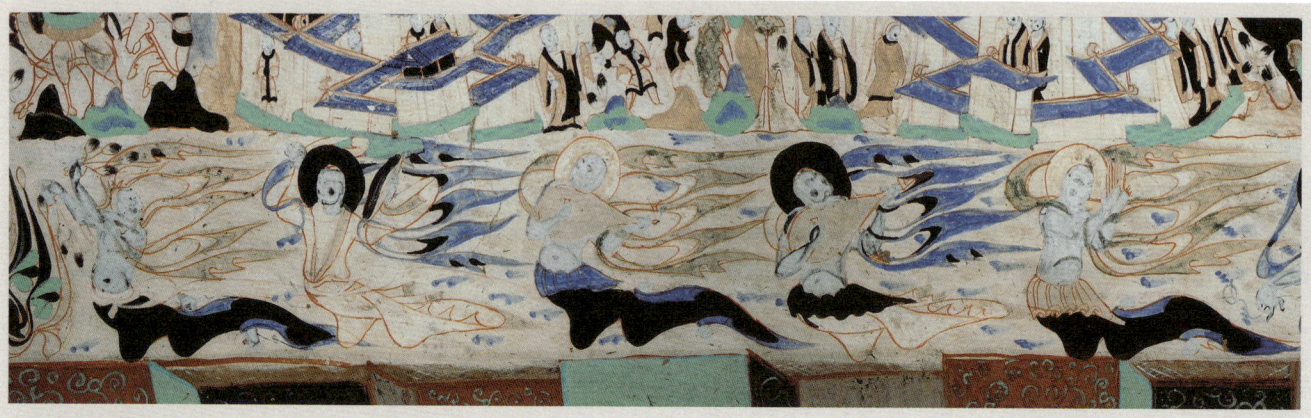

飞天伎乐 莫高窟第296窟（北周）东壁

飞天伎乐 莫高窟第297窟（北周）北披

飞天伎乐 莫高窟第297窟（北周）北披

世俗乐舞 伎乐供养人 莫高窟第297窟（北周）西壁

飞天伎乐、化生伎乐 莫高窟第299窟（北周）西壁

莫高窟第299窟

飞天伎乐 莫高窟第299窟（北周）南披

飞天伎乐 莫高窟第299窟（北周）北披

飞天伎乐 莫高窟第299窟（北周）南披

飞天伎乐 莫高窟第301窟（北周）北披

飞天伎乐 莫高窟第301窟（北周）北披

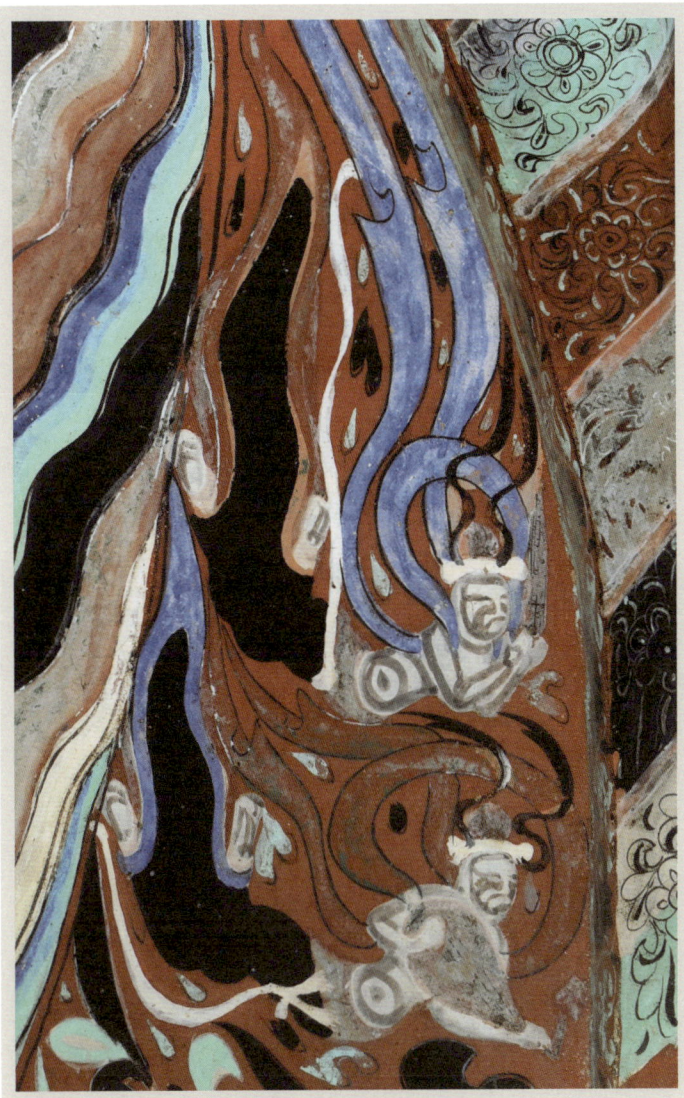

飞天伎乐 莫高窟第301窟（北周）西壁

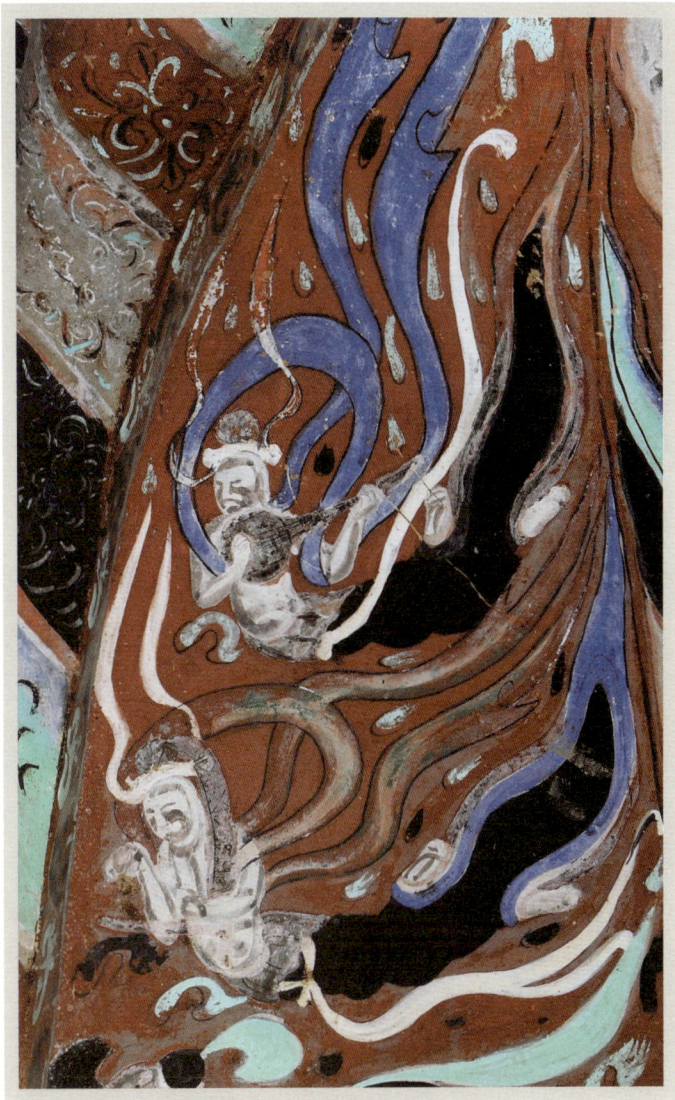

飞天伎乐 莫高窟第301窟（北周）西壁

飞天伎乐 莫高窟第302窟（隋）中心柱平顶

飞天伎乐 莫高窟第302南（隋）南壁

飞天伎乐 莫高窟第302南（隋）南壁

飞天伎乐 莫高窟第302窟（隋）北壁

飞天伎乐 莫高窟第302窟（隋）北壁

莫高窟 第 302、303 窟

飞天伎乐　莫高窟第302窟（隋）北壁

飞天伎乐　莫高窟第303窟（隋）南壁

飞天伎乐　莫高窟第303窟（隋）南壁

飞天伎乐 莫高窟第303窟（隋）东壁

飞天伎乐 莫高窟第303窟（隋）东壁

莫高窟乐舞壁画 | 莫高窟 第303窟

天宫伎乐 莫高窟第304窟（隋）西披

天宫伎乐 莫高窟第304窟（隋）北披

莫高窟乐舞壁画　莫高窟 第304窟　403

菩萨伎乐 文殊经变 莫高窟第305窟（五代）前室西壁

菩萨伎乐 普贤经变 莫高窟第305窟（五代）前室西壁

舞伎 阿弥陀经变 莫高窟第306窟（西夏）西壁

舞伎 阿弥陀经变 莫高窟第306窟（西夏）东壁

不鼓自鸣乐 净土变 莫高窟第307窟（西夏）南壁

不鼓自鸣乐 净土变 莫高窟第307窟（西夏）北壁

舞伎 净土变 莫高窟第308窟（西夏）西壁

舞伎 净土变 莫高窟第308窟（西夏）东壁

化生伎乐 莫高窟第311窟(隋)藻井

飞天伎乐 莫高窟第313窟(隋)北壁

飞天伎乐 莫高窟第313窟（隋）北壁

化生伎乐 莫高窟第314窟（隋）西壁

经变乐舞 释迦说法图 莫高窟第 320 窟（盛唐）南壁

经变乐舞 观无量寿经变 莫高窟第320窟（盛唐）北壁

不鼓自鸣乐 十轮经变 莫高窟第321窟（初唐）南壁

经变乐舞 阿弥陀经变 莫高窟第321窟（初唐）北壁

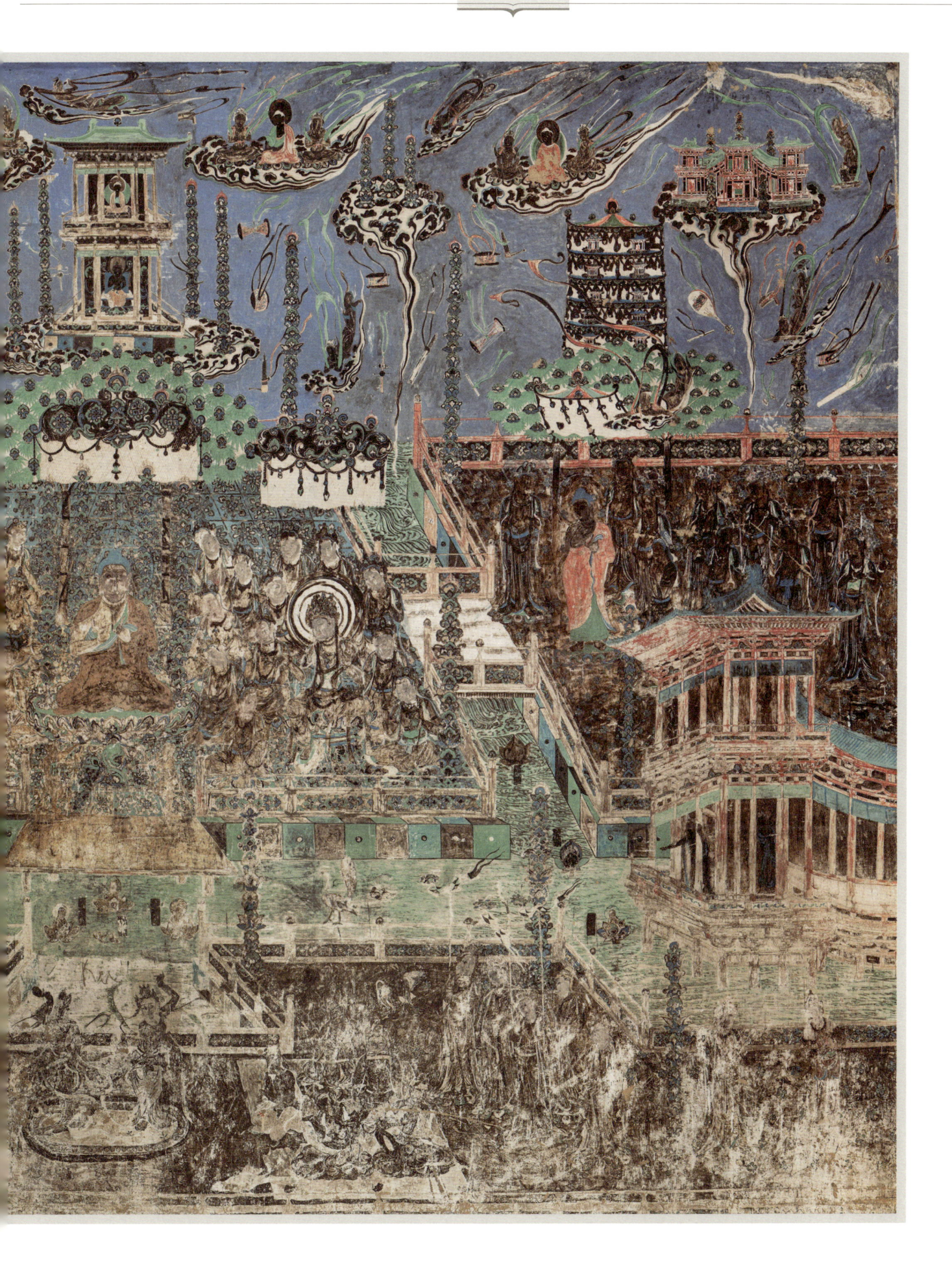

莫高窟 第321窟

一 莫高窟乐舞壁画

迦陵频伽伎乐 莫高窟第321窟（初唐）西壁

迦陵频伽伎乐 莫高窟第322窟（初唐）东披

飞天伎乐 莫高窟第322窟（初唐）东披

飞天伎乐 莫高窟第322窟（初唐）藻井

飞天伎乐 莫高窟第322窟（初唐）南披

飞天伎乐 莫高窟第322窟（初唐）西披

飞天伎乐 莫高窟第322窟（初唐）北披

莫高窟
第 322 窟

— 莫高窟乐舞壁画

417

飞天伎乐 莫高窟第327窟（西夏）南披

飞天伎乐 莫高窟第327窟（西夏）南披

飞天伎乐 莫高窟第327窟（西夏）北披

飞天伎乐 莫高窟第327窟（西夏）北披

飞天伎乐 莫高窟第327窟（西夏）北披

飞天伎乐 莫高窟第327窟（西夏）北披

飞天伎乐 莫高窟第327窟（西夏）东披

飞天伎乐 莫高窟第327窟（西夏）东披

飞天伎乐 莫高窟第327窟（西夏）东披

壸门伎乐 莫高窟第327窟（西夏）西壁

壸门伎乐 莫高窟第327窟（西夏）西壁

壸门伎乐 莫高窟第327窟（西夏）西壁

壸门伎乐 莫高窟第327窟（西夏）西壁

壸门伎乐 莫高窟第327窟（西夏）西壁

壸门伎乐 莫高窟第327窟（西夏）西壁

壸门伎乐 莫高窟第327窟（西夏）西壁

飞天伎乐 莫高窟第329窟（初唐）藻井

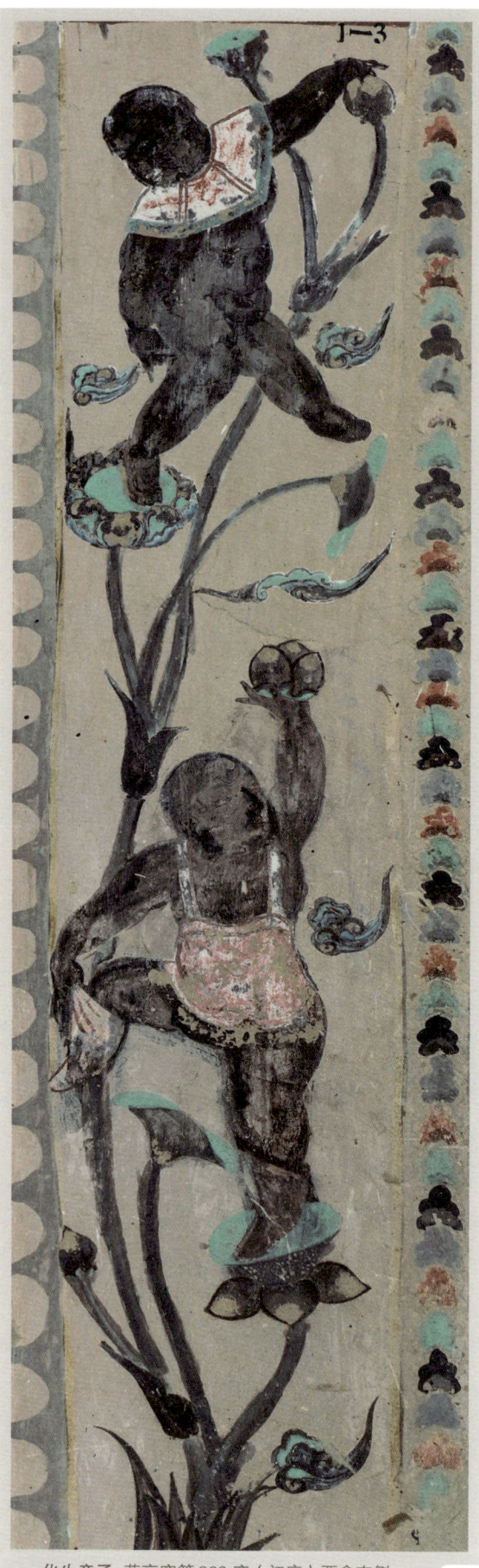

化生童子 莫高窟第329窟（初唐）西龛南侧 　　化生童子 莫高窟第329窟（初唐）西龛北侧

莫高窟乐舞壁画 | 莫高窟 第329窟 | 425

雷公击鼓　莫高窟第329窟（初唐）西壁

飞天伎乐　莫高窟第329窟（初唐）藻井东披

飞天伎乐　莫高窟第329窟（初唐）藻井东披

经变乐舞 阿弥陀经变 莫高窟第329窟（初唐）南壁

莫高窟 第329窟

一 莫高窟乐舞壁画

427

飞天伎乐 莫高窟第331窟（初唐）藻井

飞天伎乐 莫高窟第331窟（初唐）藻井

菩萨伎乐 莫高窟第331窟（初唐）南壁

莫高窟第331窟

菩萨伎乐 莫高窟第331窟（初唐）南壁

菩萨伎乐 莫高窟第331窟（初唐）南壁

菩萨伎乐 莫高窟第331窟（初唐）北壁

飞天伎乐 莫高窟第331窟（初唐）西壁

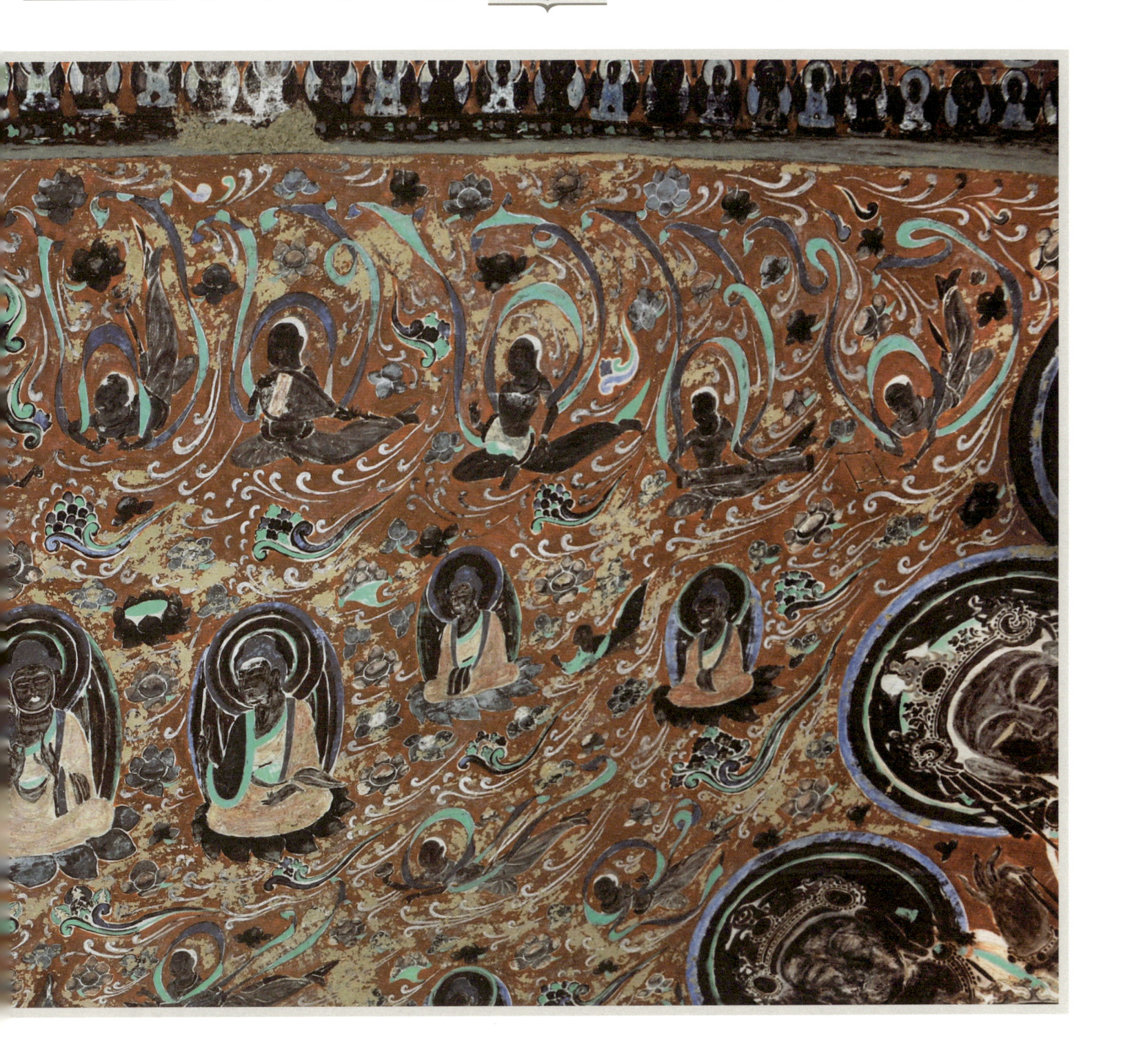

莫高窟 第331窟

菩萨伎乐 莫高窟第331窟（初唐）北壁

菩萨伎乐 莫高窟第331窟（初唐）北壁

经变乐舞 阿弥陀经变 莫高窟第331窟（初唐）北壁

经变乐舞 阿弥陀经变 莫高窟第334窟（初唐）北壁

不鼓自鸣乐 阿弥陀经变 莫高窟第335窟（初唐）南壁

莫高窟乐舞壁画

莫高窟
第335窟

经变乐舞 阿弥陀经变 莫高窟第335窟（初唐）南壁

经变乐舞 阿弥陀经变 莫高窟第335窟（初唐）南壁

世俗乐舞 阿弥陀经变 莫高窟第335窟（初唐）南壁

世俗乐舞 阿弥陀经变 莫高窟第335窟（初唐）南壁

经变乐舞 观无量寿经变 莫高窟第337窟（晚唐）西壁

飞天伎乐 莫高窟第337窟（晚唐）北壁

经变乐舞 药师经变 莫高窟第337窟（晚唐）东壁

不鼓自鸣乐 千手千钵文殊变 莫高窟第338窟（晚唐）北壁

飞天伎乐 药师经变 莫高窟第338窟（晚唐）甬道顶

莫高窟乐舞壁画 — 莫高窟第339、340窟

菩萨伎乐 文殊经变 莫高窟第339窟（西夏）前室南壁

菩萨伎乐 普贤经变 莫高窟第339窟（西夏）前室北壁

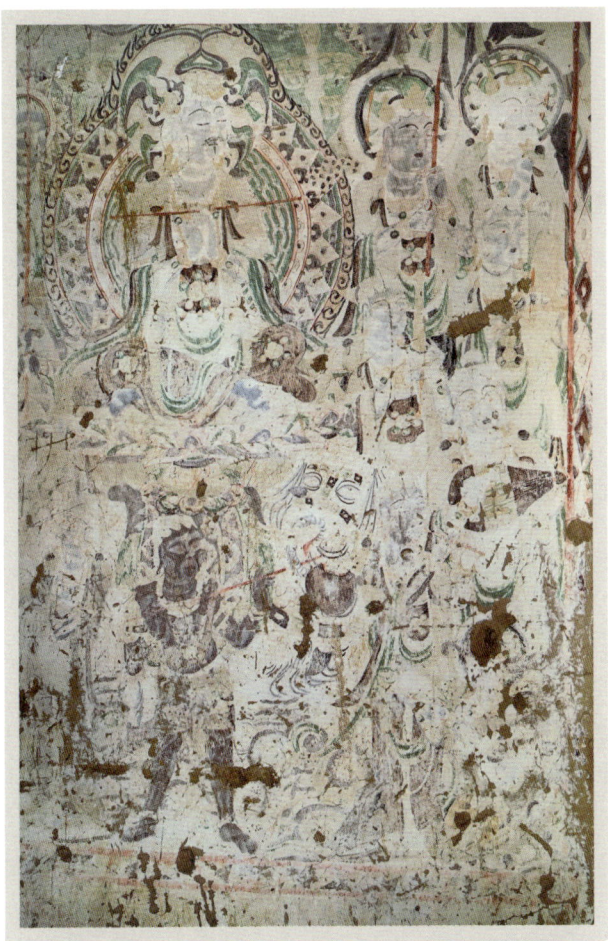

菩萨伎乐 文殊经变 莫高窟第339窟（西夏）前室南壁

经变乐舞 净土变 莫高窟第340窟（初唐）北壁

经变乐舞 阿弥陀经变 莫高窟第341窟（初唐）南壁

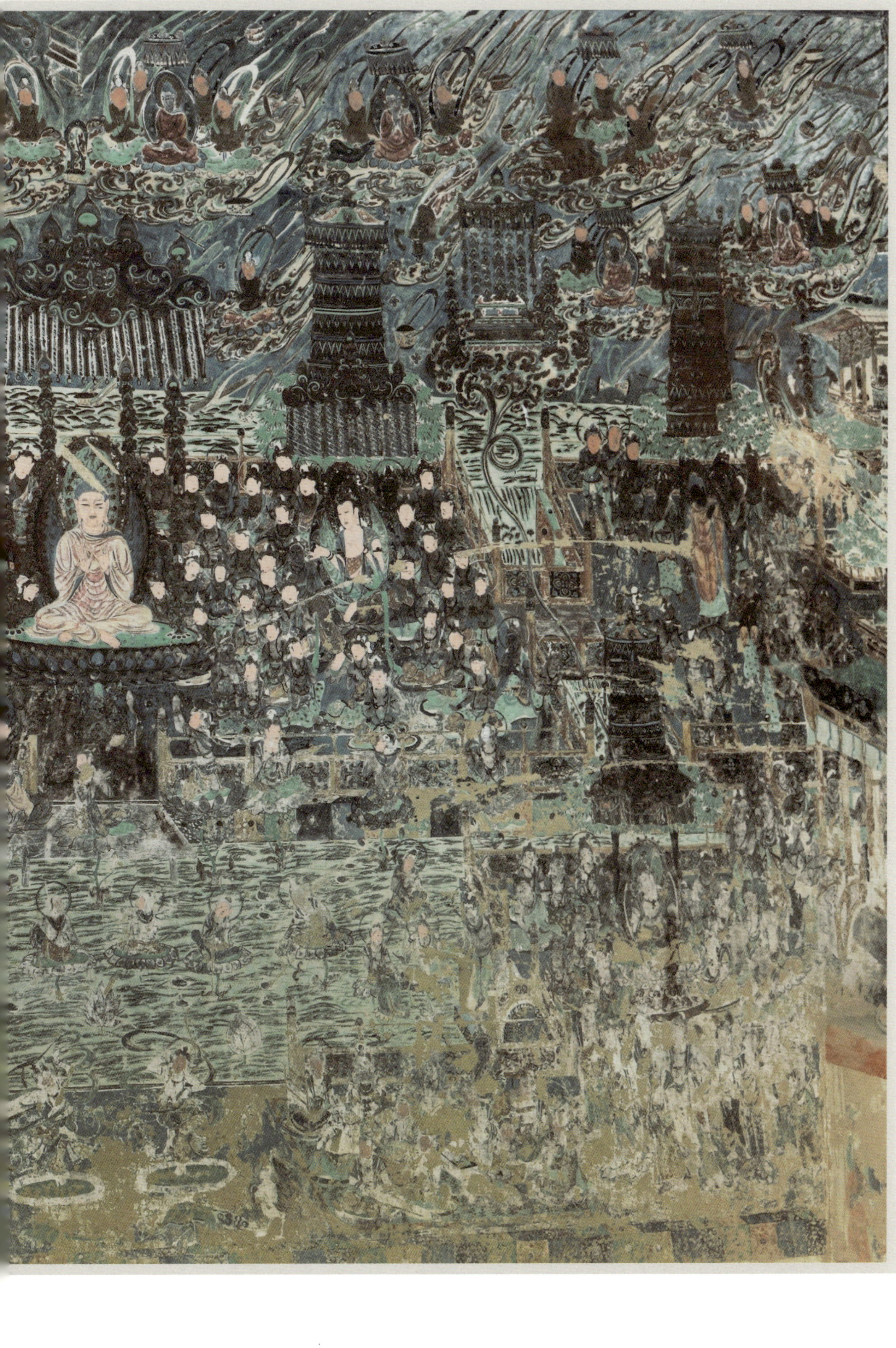

经变乐舞 弥勒经变 莫高窟第341窟（初唐）北壁

莫高窟第341窟

一 莫高窟乐舞壁画

经壁乐舞 观无量寿经变 莫高窟第343窟（晚唐）东壁

壶门伎乐 莫高窟第344窟（西夏）西壁

壶门伎乐 莫高窟第344窟（西夏）西壁

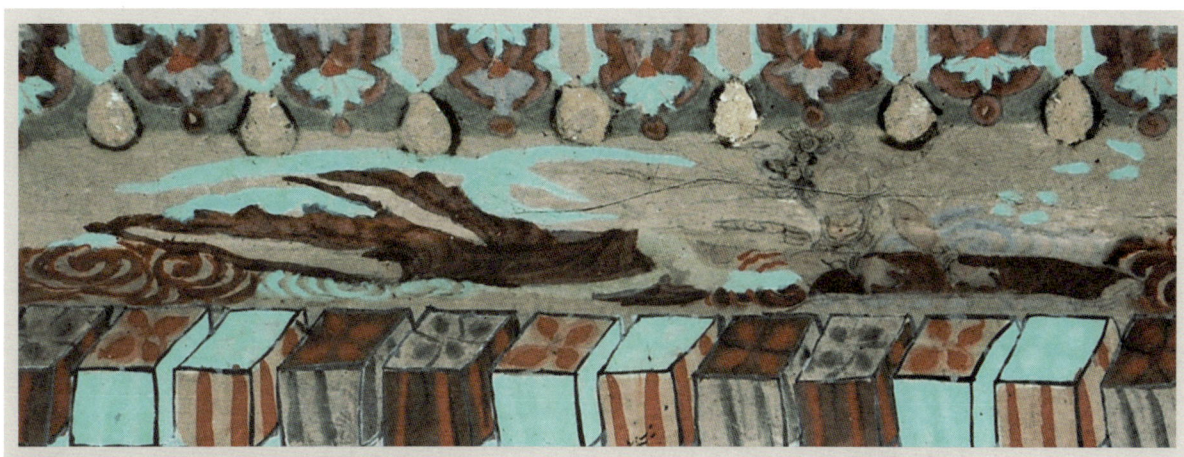

飞天伎乐 莫高窟第345窟（西夏）南披

飞天伎乐 莫高窟第345窟（西夏）北披

飞天伎乐 莫高窟第345窟（西夏）北披

不鼓自鸣乐 阿弥陀经变 莫高窟第351窟（西夏）前室北壁

飞天伎乐 莫高窟第351窟（西夏）南披

飞天伎乐 莫高窟第351窟（西夏）北披

飞天伎乐 莫高窟第353窟（西夏）南披

飞天伎乐 莫高窟第353窟（西夏）南披

飞天伎乐 莫高窟第353窟（西夏）东披

莫 高 窟
第 354 窟

不鼓自鸣乐 净土变 莫高窟第354窟（西夏）南壁

不鼓自鸣乐 净土变 莫高窟第354窟（西夏）北壁

经变乐舞 观无量寿经变 莫高窟第358窟（中唐）南壁

迦陵频伽伎乐 莫高窟第358窟（中唐）西披

菩萨伎乐 普贤经变 莫高窟第358窟（中唐）西壁

菩萨伎乐 文殊经变 莫高窟第358窟（中唐）西壁

壸门伎乐 莫高窟第358窟（中唐）西壁

壸门伎乐 莫高窟第358窟（中唐）西壁

经变乐舞 药师经变 莫高窟第358窟（中唐）北壁

经变乐舞 天请问经变 莫高窟第358窟（中唐）北壁

飞天伎乐 莫高窟第358窟（中唐）东壁门南

不鼓自鸣乐 迦陵频伽伎乐 莫高窟第359窟（中唐）西披

莫高窟 第359窟

一 莫高窟乐舞壁画

莫高窟第359窟

不鼓自鸣乐 莫高窟第359窟（中唐）西壁

不鼓自鸣乐 莫高窟第359窟（中唐）西壁

不鼓自鸣乐、迦陵频伽伎乐 文殊经变、普贤经变 莫高窟第359窟（中唐）西壁

经变乐舞 金刚经变、阿弥陀经变 莫高窟第359窟（中唐）南壁

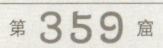

莫高窟 第359窟

经变乐舞 药师经变 莫高窟第359窟（中唐）北壁

迦陵频伽伎乐 莫高窟第359窟（中唐）北壁

莫高窟

一 莫高窟乐舞壁画

第 360 窟

463

迦陵频伽伎乐 莫高窟第360窟（中唐）藻井

不鼓自鸣乐 弥勒经变 莫高窟第360窟（中唐）南壁

奏乐天王 弥勒经变 莫高窟第360窟（中唐）南壁

菩萨伎乐 释迦曼荼罗 莫高窟第360窟（中唐）南壁

经变乐舞 观无量寿经变 莫高窟第360窟（中唐）南壁

菩萨伎乐 普贤经变 莫高窟第360窟（中唐）西壁

菩萨伎乐 文殊经变 莫高窟第360窟（中唐）西壁

经变乐舞 药师经变 莫高窟第360窟（中唐）北壁

世俗乐舞 维摩诘经变 莫高窟第360窟（中唐）东壁

化生伎乐 莫高窟第361窟（中唐）藻井东披

不鼓自鸣乐、迦陵频伽伎乐 莫高窟第361窟（中唐）西披

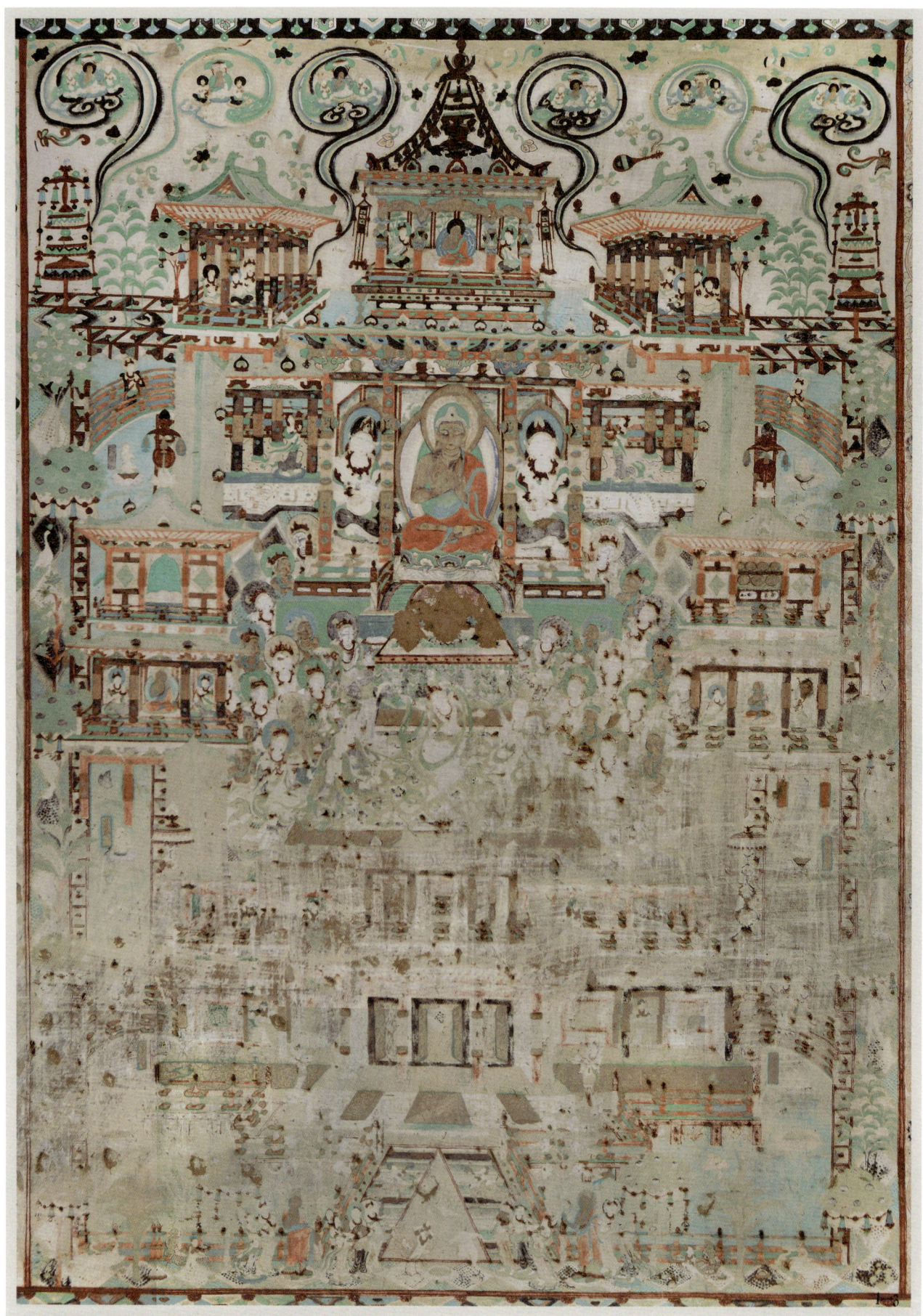

经变乐舞 阿弥陀经变 莫高窟第361窟（中唐）南壁

经变乐舞 阿弥陀经变 莫高窟第361窟(中唐)南壁

经变乐舞 金刚经变 莫高窟第361窟（中唐）南壁

莫高窟乐舞壁画 | 莫高窟 第361窟 | 473

迦陵频伽伎乐 莫高窟第361窟（中唐）龛眉

迦陵频伽伎乐 莫高窟第361窟（中唐）龛眉

壸门伎乐 莫高窟第361窟（中唐）西壁

经变乐舞 药师经变、弥勒经变 莫高窟第361窟（中唐）北壁

莫高窟 第361窟

菩萨伎乐 奏乐天王 千手千眼观音经变 莫高窟第361窟（中唐）东壁

菩萨伎乐 千手千钵文殊经变 莫高窟第361窟（中唐）东壁

菩萨伎乐 不空绢索观音经变 莫高窟第361窟（中唐）东壁

不鼓自鸣乐 净土变 莫高窟第367窟（西夏）南壁

不鼓自鸣乐 净土变 莫高窟第367窟（西夏）北壁

经变乐舞 金刚经变 莫高窟第369窟（中唐）南壁

经变乐舞 阿弥陀经变 莫高窟第369窟（中唐）南壁

壸门伎乐 莫高窟第369窟（中唐）西壁

壸门伎乐 莫高窟第369窟（中唐）西壁

菩萨伎乐 普贤经变 莫高窟第369窟（中唐）西壁 　　　　菩萨伎乐 文殊经变 莫高窟第369窟（中唐）西壁

经变乐舞 药师经变 莫高窟第369窟（中唐）北壁

经变乐舞 药师经变 莫高窟第369窟（中唐）北壁

奏乐天王 弥勒经变 莫高窟第369窟（中唐）北壁

经变乐舞 观无量寿经变 莫高窟第370窟（中唐）南壁

经变乐舞 药师经变 莫高窟第370窟（中唐）北壁

经变乐舞 药师经变 莫高窟第370窟（中唐）北壁

迦陵频伽伎乐 药师经变 莫高窟第370窟（中唐）北壁

世俗乐舞 药师经变 莫高窟第370窟（中唐）北壁

莫高窟 第371、372窟

飞天伎乐 莫高窟第371窟（初唐）南壁

不鼓自鸣乐 迦陵频伽伎乐、阿弥陀经变 莫高窟第372窟壁（初唐）南壁

不鼓自鸣乐 说法图 莫高窟第372窟（初唐）北壁

飞天伎乐 莫高窟第374窟（盛唐）藻井南披

飞天伎乐 莫高窟第374窟（盛唐）藻井北披

飞天伎乐 莫高窟第375窟（初唐）南披

飞天伎乐 莫高窟第375窟（初唐）西披

飞天伎乐 莫高窟第375窟（初唐）龛内

飞天伎乐 莫高窟第375窟（初唐）龛内

菩萨伎乐 乘象入胎 莫高窟第375窟（初唐）西壁

经变乐舞 说法图 莫高窟第379窟（五代）甬道南壁

经变乐舞 说法图 莫高窟第379窟（五代）甬道北壁

经变乐舞 观无量寿经变 莫高窟第379窟（盛唐）南壁

经变乐舞 观无量寿经变 莫高窟第379窟（盛唐）南壁

飞天伎乐 莫高窟第379窟（盛唐）藻井

飞天伎乐 莫高窟第380窟（隋）北壁

飞天伎乐 莫高窟第380窟（隋）北壁

菩萨伎乐 乘象入胎 莫高窟第383窟（隋）西壁

经变乐舞 弥勒经变 莫高窟第384窟（五代）甬道南壁

经变乐舞 药师经变 莫高窟第384窟（五代）甬道北壁

经变乐舞 阿弥陀经变 莫高窟第386窟（中唐）南壁

经变乐舞 药师经变 莫高窟第386窟（中唐）北壁

莫高窟第386窟

菩萨伎乐 普贤经变 莫高窟第386窟（中唐）东壁　　　　菩萨伎乐 文殊经变 莫高窟第386窟（中唐）东壁

经变乐舞 天请问经变 莫高窟第386窟（中唐）北壁

飞天伎乐 莫高窟第387窟（隋）藻井

化生伎乐 莫高窟第389窟（隋）龛眉

飞天伎乐 莫高窟第390窟（隋）南壁

飞天伎乐 莫高窟第390窟（隋）南壁

飞天伎乐 莫高窟第390窟（隋）南壁

飞天伎乐 莫高窟第390窟（隋）西壁

莫高窟
莫高窟乐舞壁画
第390窟

飞天伎乐 莫高窟第390窟（隋）北壁

飞天伎乐 莫高窟第390窟（隋）北壁

飞天伎乐 莫高窟第390窟（隋）东壁

飞天伎乐 莫高窟第390窟（隋）南壁

世俗乐舞 供养人伎乐 莫高窟第390窟（隋）南壁

莫高窟乐舞壁画 | 莫高窟 第390、392窟

飞天伎乐 莫高窟第390窟（隋）西壁

飞天伎乐 莫高窟第392窟（隋）西披

飞天伎乐 莫高窟第394窟（隋）南壁

飞天伎乐 莫高窟第394窟（隋）北壁

飞天伎乐 莫高窟第396窟（隋）南壁

化生伎乐 莫高窟第396窟（隋）西壁

飞天伎乐 莫高窟第396窟（隋）北壁

菩萨伎乐 夜半逾城 莫高窟第397窟（隋）西壁

莫高窟 第398窟

飞天伎乐 莫高窟第398窟（隋）南壁

飞天伎乐 莫高窟第398窟（隋）南壁

飞天伎乐 莫高窟第398窟（隋）北壁

飞天伎乐 莫高窟第398窟（隋）北壁

化生伎乐 莫高窟第398窟（隋）西龛

化生伎乐 莫高窟第398窟（隋）西壁

化生伎乐 莫高窟第398窟（隋）西壁

经变乐舞 阿弥陀经变 莫高窟第400窟（西夏）南壁

经变乐舞 药师经变 莫高窟第400窟（西夏）北壁

化生伎乐 莫高窟第400窟（西夏）东壁

化生伎乐 莫高窟第400窟（西夏）东壁

飞天伎乐 莫高窟第401窟（隋）藻井

飞天伎乐 莫高窟第401窟（隋）西壁

飞天伎乐 莫高窟第401窟（隋）西壁

飞天伎乐 莫高窟第402窟（隋）南壁

飞天伎乐 莫高窟第402窟（隋）北壁

莫高窟 第402窟

飞天伎乐 莫高窟第402窟（隋）北壁

飞天伎乐 莫高窟第402窟（隋）北壁

化生伎乐 莫高窟第404窟（隋）西壁

化生伎乐 莫高窟第404窟（隋）西龛

化生伎乐 莫高窟第404窟（隋）北龛

飞天伎乐 莫高窟第404窟（隋）北壁

飞天伎乐 莫高窟第404窟（隋）东壁

飞天伎乐 莫高窟第404窟（隋）东壁

飞天伎乐 莫高窟第404窟（隋）东壁

第 405、407 窟

壶门伎乐 莫高窟第405窟（隋）北壁

飞天伎乐 莫高窟第407窟（隋）西壁

飞天伎乐 莫高窟第407窟（隋）西壁

飞天伎乐 莫高窟第407窟（隋）西壁

化生伎乐 莫高窟第412窟（隋）西龛

世俗乐舞 莫高窟第416窟（隋）西披

飞天伎乐 莫高窟第416窟（隋）南壁

菩萨伎乐 莫高窟第417窟（隋）西披

飞天伎乐 莫高窟第418窟（西夏）西壁龛顶

飞天伎乐 莫高窟第418窟（西夏）西壁龛顶

飞天伎乐 莫高窟第419窟（隋）东壁

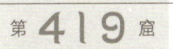

飞天伎乐 莫高窟第419窟（隋）东壁

飞天伎乐　莫高窟第420窟（隋）北披

飞天伎乐　莫高窟第420窟（隋）西披

飞天伎乐　莫高窟第420窟（隋）北壁

飞天伎乐　莫高窟第420窟（隋）北壁

莫高窟
莫高窟乐舞壁画　第 420、421 窟

飞天伎乐　莫高窟第 420 窟（隋）北披

飞天伎乐　莫高窟第 421 窟（隋）西壁

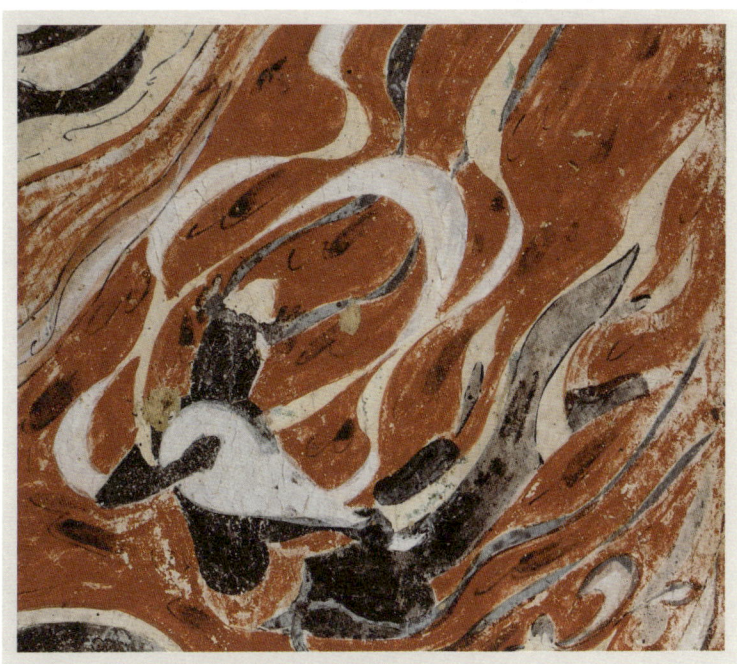

飞天伎乐　莫高窟第 421 窟（隋）西壁

菩萨伎乐 弥勒上生经变 莫高窟第423窟（隋）西披

世俗乐舞 须达子本生 莫高窟第423窟（隋）东披

飞天伎乐　莫高窟第423窟（隋）北壁

飞天伎乐　莫高窟第423窟（隋）北壁

飞天伎乐 莫高窟第425窟（隋）南壁

飞天伎乐 莫高窟第425窟（隋）北壁

飞天伎乐 莫高窟第425窟（隋）北壁

化生伎乐 莫高窟第425窟（隋）西壁

化生伎乐 莫高窟第425窟（隋）西壁

壸门伎乐 莫高窟第427窟（宋）窟外

动物群舞 莫高窟第427窟（宋）前室窟顶

壶门伎乐 莫高窟第427窟(宋)窟外

化生伎乐 莫高窟第427窟（隋）人字披顶 　　　　　化生伎乐 莫高窟第427窟（隋）人字披顶

飞天伎乐 莫高窟第427窟（隋）北壁

菩萨伎乐 莫高窟第428窟（北周）中心柱东向面窟顶

药叉伎乐 莫高窟第428窟（北周）中心柱东向面

化生伎乐 莫高窟第428窟（北周）中心柱南向面

飞天伎乐 跌坐佛说法图 莫高窟第428窟（北周）南壁

莫高窟 第428窟

飞天伎乐 卢舍那佛 莫高窟第428窟（北周）南壁

菩萨伎乐 莫高窟第428窟（北周）中心柱北向面

飞天伎乐 莫高窟第428窟（北周）西壁

莫高窟乐舞壁画 莫高窟第428窟 535

世俗乐舞 须达子本生 莫高窟第428窟（北周）东壁

伎乐 卢舍那佛 莫高窟第428窟(北周)南壁

化生伎乐 莫高窟第430窟（北周）西壁

飞天伎乐 莫高窟第430窟（北周）东壁

飞天伎乐 莫高窟第430窟（北周）东壁

菩萨伎乐 莫高窟第431窟（宋）窟外

菩萨伎乐 莫高窟第431窟（宋）窟外

天宫伎乐　莫高窟第431窟（北魏）南壁

天宫伎乐　莫高窟第431窟（北魏）南壁

天宫伎乐 莫高窟第431窟（北魏）南壁

天宫伎乐 莫高窟第431窟（北魏）南壁

天宫伎乐 莫高窟第431窟（北魏）西壁

天宫伎乐 莫高窟第431窟（北魏）西壁

莫高窟 第431窟

天宫伎乐 莫高窟第431窟(北魏)西壁

不鼓自鸣乐 莫高窟第431窟(初唐)西壁

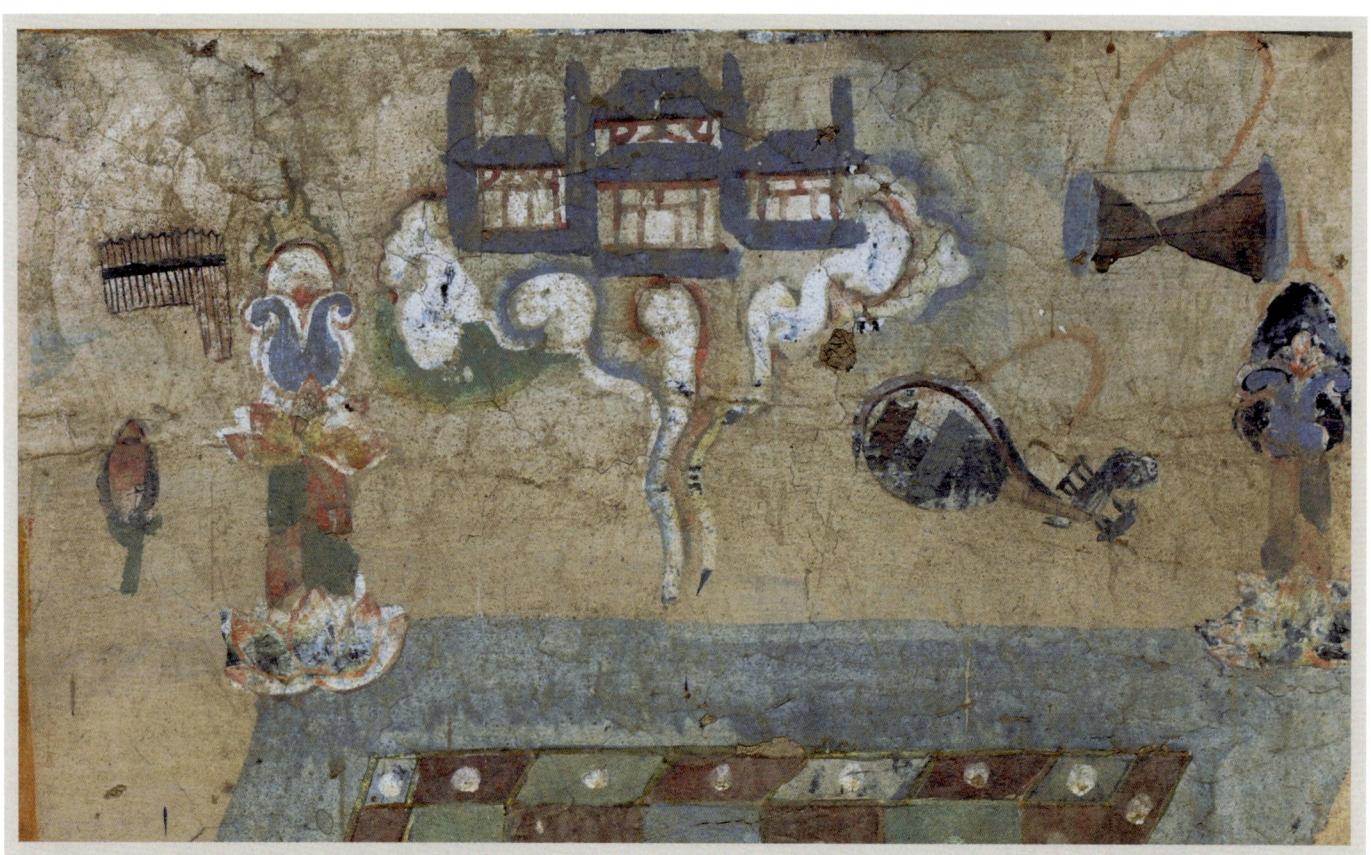

不鼓自鸣乐 莫高窟第431窟（初唐）西壁

不鼓自鸣乐 莫高窟第431窟（初唐）西壁

天宫伎乐 莫高窟第431窟(北魏)北壁

天宫伎乐 莫高窟第431窟(北魏)北壁

天宫伎乐 莫高窟第431窟（北魏）北壁

天宫伎乐 莫高窟第431窟（北魏）东壁

飞天伎乐 莫高窟第433窟（隋）窟顶

飞天伎乐 莫高窟第433窟（隋）窟顶

飞天伎乐 莫高窟第435窟（北魏）西披

莫高窟

第435窟

天宫伎乐　莫高窟第435窟（北魏）南壁

天宫伎乐　莫高窟第435窟（北魏）东壁

天宫伎乐　莫高窟第435窟（北魏）北壁

莫高窟乐舞壁画

莫高窟第435窟

551

天宫伎乐 莫高窟第435窟（北魏）北壁

天宫伎乐 莫高窟第435窟（北魏）北壁

药叉伎乐 莫高窟第435窟（北魏）北壁

药叉伎乐 莫高窟第435窟（北魏）北壁

药叉伎乐 莫高窟第435窟（北魏）北壁

莫高窟

第 437、438 窟

一 莫高窟乐舞壁画

553

飞天伎乐 莫高窟第437窟（北魏）中心柱东向面

天宫伎乐 莫高窟第438窟（北周）南壁

天宫伎乐 莫高窟第438窟（北周）北壁

莫高窟第438窟

天宫伎乐 莫高窟第438窟（北周）南壁

飞天伎乐 莫高窟第439窟（北周）西壁

天宫伎乐 莫高窟第442窟（北周）北壁

天宫伎乐 莫高窟第442窟（北周）北壁

经变乐舞 阿弥陀经变 莫高窟第445窟（盛唐）南壁

莫高窟乐舞壁画

莫高窟第445窟

菩萨伎乐 阿弥陀经变 莫高窟第445窟（盛唐）南壁

菩萨伎乐 阿弥陀经变 莫高窟第445窟（盛唐）南壁

迦陵频伽伎乐 阿弥陀经变 莫高窟第445窟（盛唐）南壁

世俗乐舞 弥勒经变 莫高窟第445窟（盛唐）北壁

经变乐舞 观无量寿经变 莫高窟第446窟（盛唐）南壁

飞天伎乐 莫高窟第449窟（宋）南披

飞天伎乐 莫高窟第449窟（宋）南披

经变乐舞 观无量寿经变 莫高窟第449窟（中唐）南壁

经变乐舞 药师经变 莫高窟第449窟（宋）北壁

舞伎 弥勒经变 莫高窟第449窟（盛唐）北壁

树下弹琴 报恩经变 莫高窟第449窟（盛唐）东壁

经变乐舞 药师经变 莫高窟第452窟（宋）北壁

世俗乐舞 弥勒经变 莫高窟第454窟（宋）东披

百姓 楞伽经变 莫高窟第454窟（宋）南壁

树下弹琴 报恩经变 莫高窟第454窟（宋）南壁

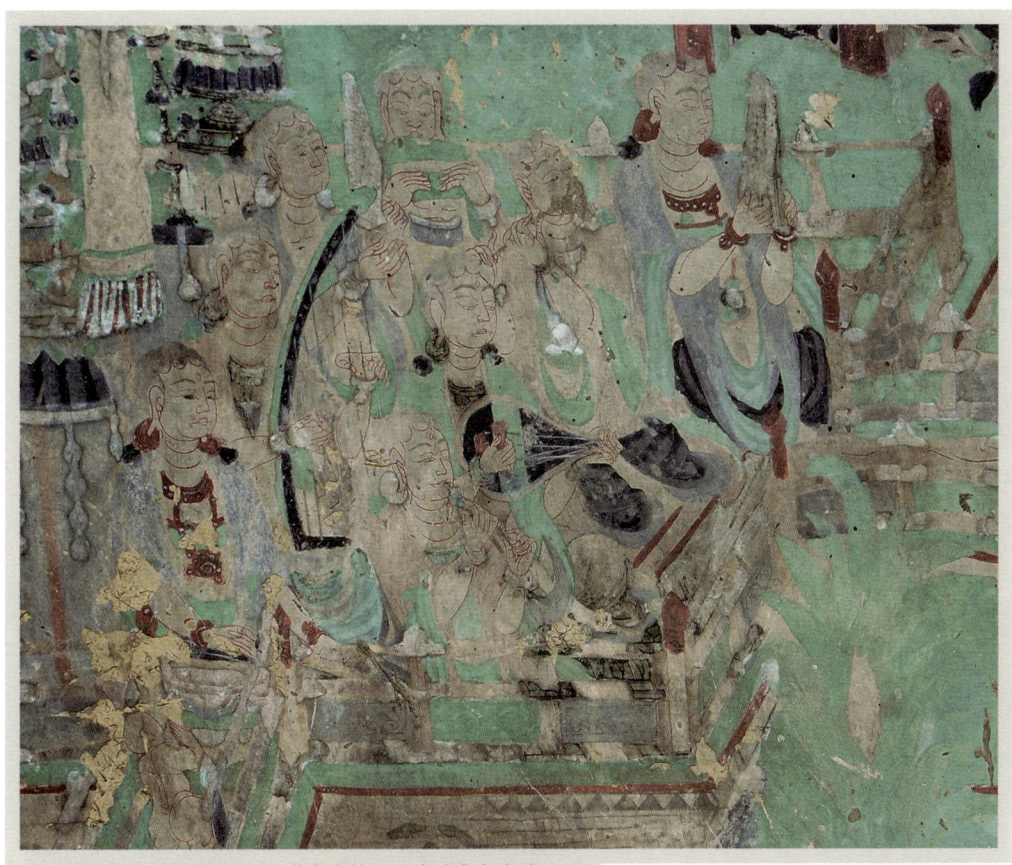

经变乐舞 观无量寿经变 莫高窟第454窟（宋）南壁

经变乐舞 观无量寿经变 莫高窟第454窟（宋）南壁

经变乐舞 报恩经变 莫高窟第454窟（宋）南壁

经变乐舞 思益莫梵天问经变 高窟第454窟（宋）北壁

经变乐舞 药师经变 莫高窟第454窟（宋）北壁

飞天伎乐 莫高窟第461窟（北周）西披

飞天伎乐 莫高窟第461窟（北周）南披

飞天伎乐 莫高窟第461窟（北周）北披

奏乐天王 莫高窟第465窟（元）东披

菩萨伎乐 莫高窟第465窟（元）东披

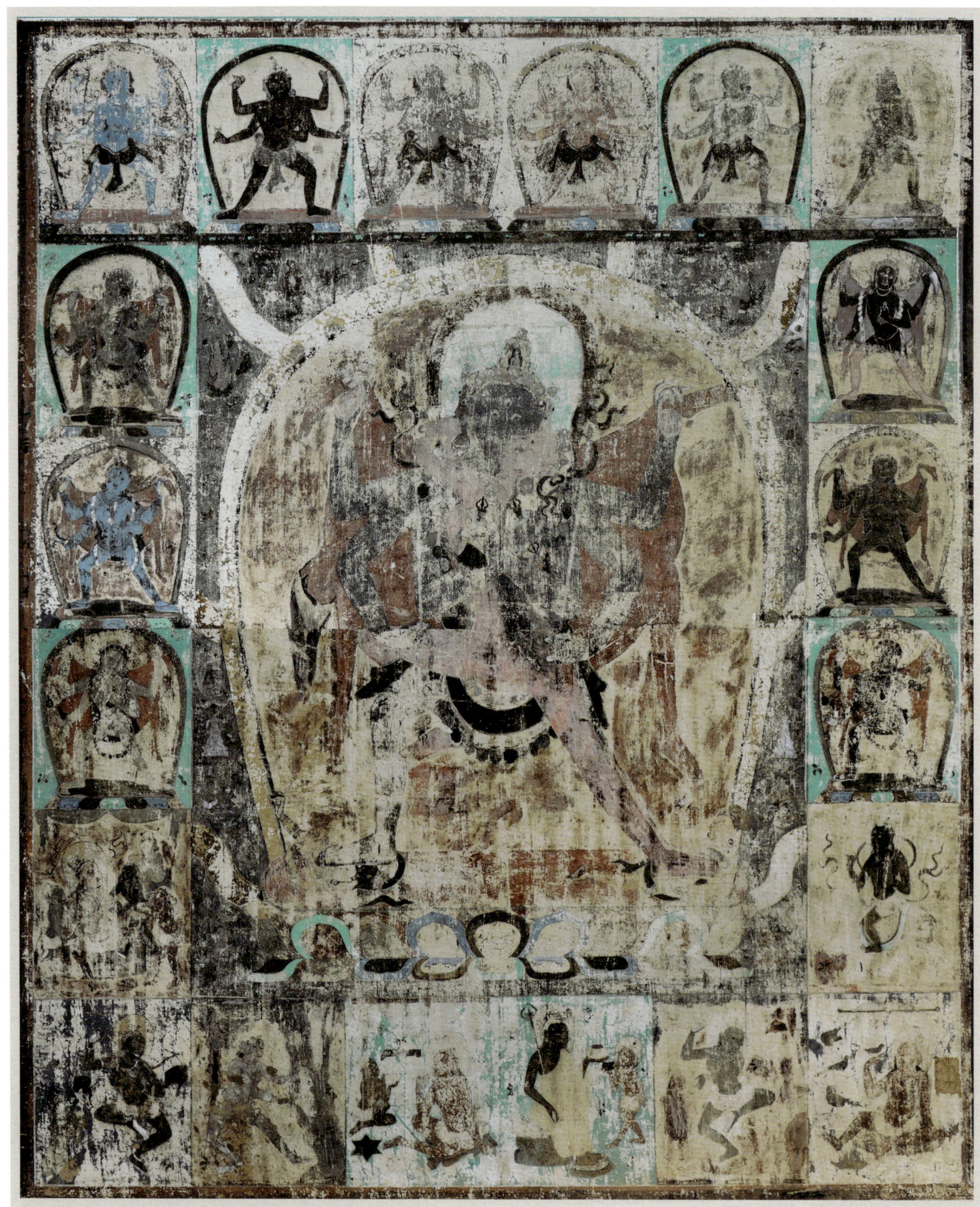

金刚乐舞 曼荼罗 莫高窟第465窟东起第三铺（元）南壁

金刚乐舞 曼荼罗 莫高窟第465窟第二铺（元）西壁

金刚乐舞 曼荼罗 莫高窟第465窟第三铺（元）西壁

金刚乐舞 曼荼罗 莫高窟第465窟第三铺（元）北壁

经变乐舞 观无量寿经变 莫高窟第468窟（五代）南壁

经变乐舞 药师经变 莫高窟第468窟（五代）北壁

莫高窟第468窟

菩萨伎乐 普贤经变 莫高窟第468窟（五代）西壁

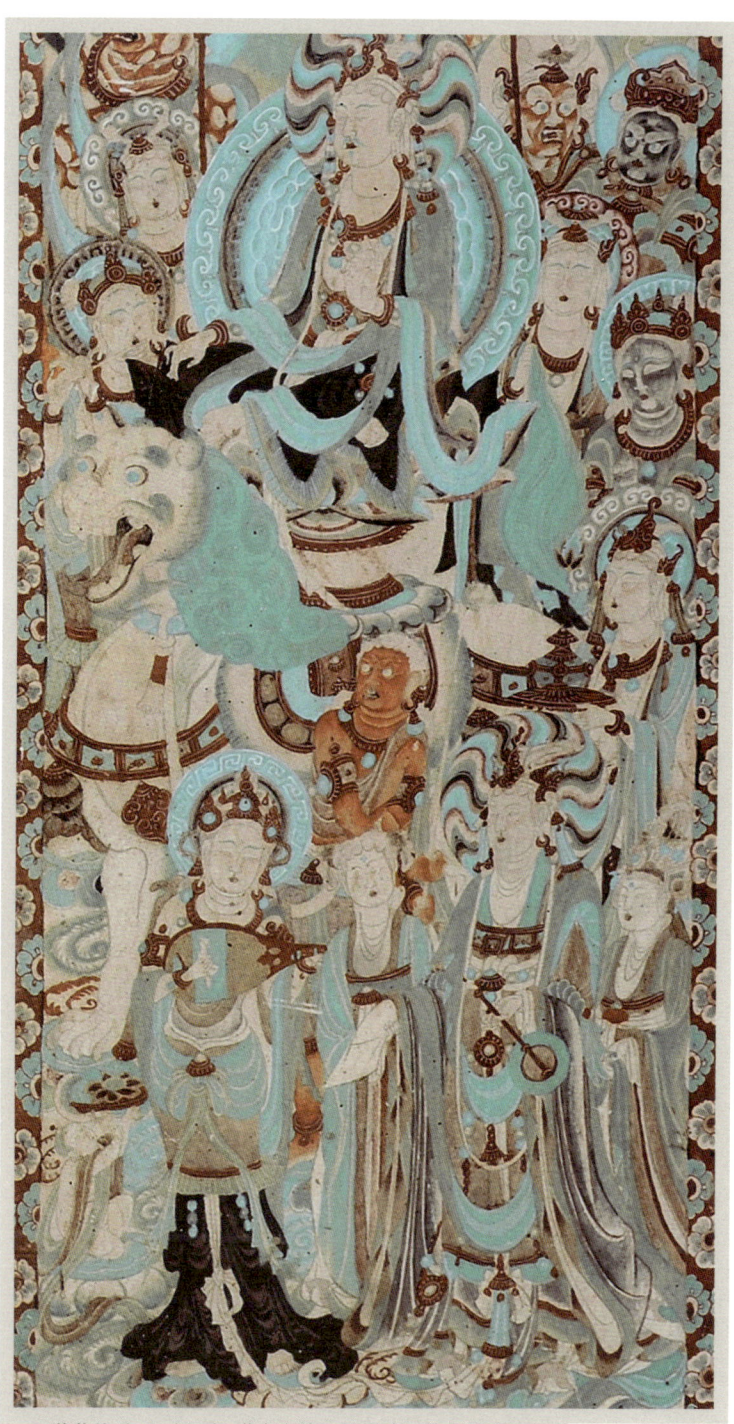

菩萨伎乐 文殊经变 莫高窟第468窟（五代）西壁

天王堂外景

二 天王堂乐舞壁画

　　天王堂修建在莫高窟上面的戈壁滩上，由宋代时期敦煌望族曹氏家族所修。天王堂为单体建筑，呈四方形厅堂建筑风格，堂内有彩塑和壁画，其内容与莫高窟同时期的壁画内容基本相同。天王堂为土木结构建筑，虽历经风吹日晒，但至今保存较为完整。

　　天王堂壁画内容以密教风格为主，其伎乐形式主要有飞天伎乐和菩萨伎乐。四壁上端各画飞天伎乐 16 身，每壁有奏乐飞天 2 身，持花飞天 2 身，其中飞天乐伎演奏的乐器有拍板、细腰鼓、竽篥、竖箜篌、排箫、阮、筝、义觜笛。西壁画三面六臂观音曼荼罗，有菩萨伎乐两身，舞伎 1 身，乐伎 1 身，演奏阮；东壁画三面八臂观音曼荼罗，乐伎 1 身，持贝。此窟共有不同种类乐器 10 件。

　　历经千年，风吹雨淋，烈日暴晒，天王堂犹如一座历史丰碑依然矗立在莫高窟的上面。它是莫高窟现存土木结构单体建筑中保存最完整的宋代建筑之一，它的存在反映了莫高窟建造的历史发展过程，从崖壁上开凿洞窟，进而发展到在戈壁上建造殿堂式的建筑，用一种新的方式开拓了石窟的建造史。

飞天伎乐 莫高窟天王堂（宋）南壁

飞天伎乐 莫高窟天王堂（宋）南壁

二　天王堂乐舞壁画　　　天王堂　　　583

飞天伎乐　莫高窟天王堂（宋）西壁

飞天伎乐　莫高窟天王堂（宋）西壁

飞天伎乐　莫高窟天王堂（宋）北壁

飞天伎乐　莫高窟天王堂（宋）北壁

二　天王堂乐舞壁画　　　　　天王堂　　　　　585

飞天伎乐　莫高窟天王堂（宋）东壁

飞天伎乐　莫高窟天王堂（宋）东壁

菩萨伎乐 三面六臂观音曼荼罗 莫高窟天王堂（宋）西壁

二　天王堂乐舞壁画

天 王 堂

菩萨伎乐　三面八臂观音曼荼罗　莫高窟天王堂（宋）东壁

榆林窟外景

三 榆林窟乐舞壁画

榆林窟位于瓜州县城南 70 多公里处，开凿在榆林河峡谷东西两岸的峭壁上。最初创建年代无文字可考，现存洞窟 43 个，壁画约 50000 平方米，历经唐、五代、宋、西夏、元、清六个朝代修建而成。其中 25 个洞窟中有乐舞图像，壁画中共有各种乐器 702 件，包括弹拨乐器 160 件，吹奏乐器 282 件，打击乐器 236 件，拉弦乐器 4 件以及 20 件图像模糊的乐器。尤其是在西夏时期的壁画中出现了拉弦乐器，这也是古代时期壁画中保存最完整的拉弦乐器图。

榆林窟的洞窟形制、壁画内容与莫高窟属同一艺术类型，晚唐至宋，其石窟营造与归义军政权有密切联系，壁画风格与莫高窟相似。西夏以降，榆林窟壁画逐渐受到回鹘及金、蒙古的影响，体现出独特的艺术风格，飞天伎乐的人物形象及服饰风格都具有少数民族特征。

西夏统治晚期，由于密教的盛行，榆林窟第 02、03、29 等洞窟出现密教的壁画风格，乐舞图像中所包含的密教舞姿及千手观音变中的不鼓自鸣乐器具有极高的研究价值。此外，西夏时期壁画中的胡琴、种类繁多的鼓类乐器，以及经变乐舞中的乐器组合形式，是研究西夏乐舞文化的重要图像史料。

榆林窟现存洞窟最早可追溯到中唐时期，所以壁画中的乐舞形式主要有飞天伎乐、菩萨伎乐、经变乐舞、不鼓自鸣乐、迦陵频伽伎乐，没有出现天宫伎乐、药叉伎乐、供养人伎乐等形式。榆林窟乐舞壁画中也出现了一些比较独特的形式，如第 10 窟东披中的不鼓自鸣乐和西披中的飞天伎乐，榆林窟第 03 窟南北壁中的经变乐舞，以及东壁的十一面千手观音和千手观音乐器图，其形式与其他壁画中的乐舞形式完全不同，可谓独树一帜，另辟蹊径，开创了西夏时期乐舞壁画的新纪元，是研究西夏时期乐舞发展极为珍贵的历史资料。

经变乐舞 观无量寿经变 榆林窟第03窟（西夏）南壁

菩萨伎乐 观无量寿经变 榆林窟第03窟（西夏）南壁

经变乐舞 观无量寿经变 榆林窟第03窟（西夏）南壁

经变乐舞 观无量寿经变 榆林窟第03窟（西夏）南壁

经变乐舞 观无量寿经变 榆林窟第03窟（西夏）南壁

菩萨伎乐 曼荼罗 榆林窟第03窟（西夏）南壁

经变乐舞 净土变 榆林窟第03窟（西夏）北壁

经变乐舞 净土变 榆林窟第03窟（西夏）北壁

经变乐舞 净土变 榆林窟第03窟（西夏）北壁

经变乐舞 净土变 榆林窟第03窟（西夏）北壁

不鼓自鸣乐 净土变 榆林窟第03窟（西夏）北壁

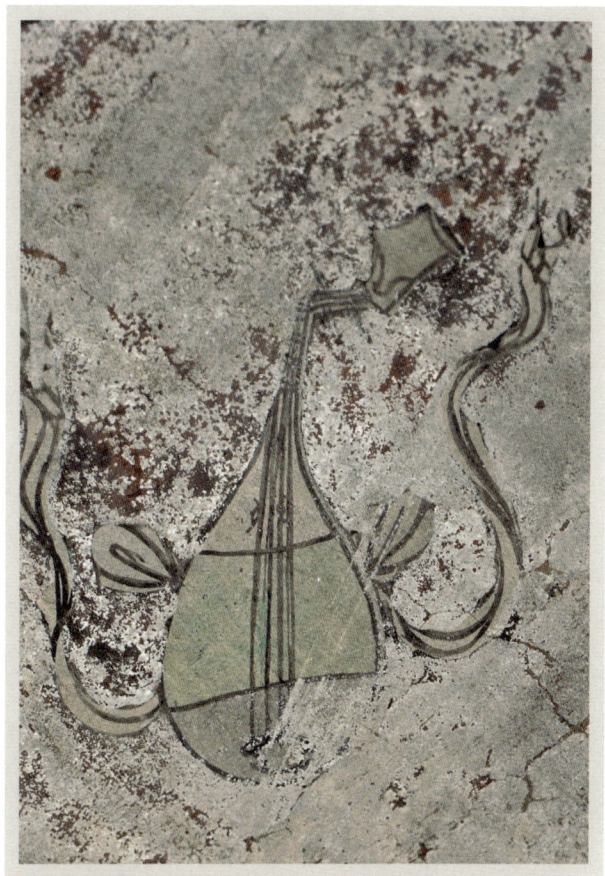

不鼓自鸣乐 净土变 榆林窟第03窟（西夏）北壁

菩萨伎乐 曼荼罗 榆林窟第03窟（西夏）北壁

菩萨伎乐 曼荼罗 榆林窟第03窟（西夏）北壁

菩萨伎乐 曼荼罗 榆林窟第03窟（西夏）北壁

菩萨伎乐 曼荼罗 榆林窟第03窟（西夏）北壁

菩萨伎乐 十一面千手观音 榆林窟第03窟（西夏）东壁

菩萨伎乐 十一面千手观音 榆林窟第03窟（西夏）东壁

菩萨伎乐 十一面千手观音 榆林窟第03窟（西夏）东壁

不鼓自鸣乐 百戏 五十一面千手观音 榆林窟第03窟（西夏）东壁

百戏 五十一面千手观音 榆林窟第03窟（西夏）东壁

百戏 五十一面千手观音 榆林窟第03窟（西夏）东壁

不鼓自鸣乐 五十一面千手观音 榆林窟第03窟（西夏）东壁

三 榆林窟乐舞壁画　　榆林窟 第03窟　　603

不鼓自鸣乐 百戏 五十一面千手观音 榆林窟第03窟（西夏）东壁

不鼓自鸣乐 百戏 五十一面千手观音 榆林窟第03窟（西夏）东壁

菩萨伎乐 曼荼罗 榆林窟第04窟（元）南壁

菩萨伎乐 灵鹫山说法图 榆林窟第04窟（元）南壁

三　榆林窟乐舞壁画

榆林窟 第04窟

菩萨伎乐 说法图 榆林窟第04窟（西夏）南壁　　菩萨伎乐 说法图 榆林窟第04窟（西夏）南壁

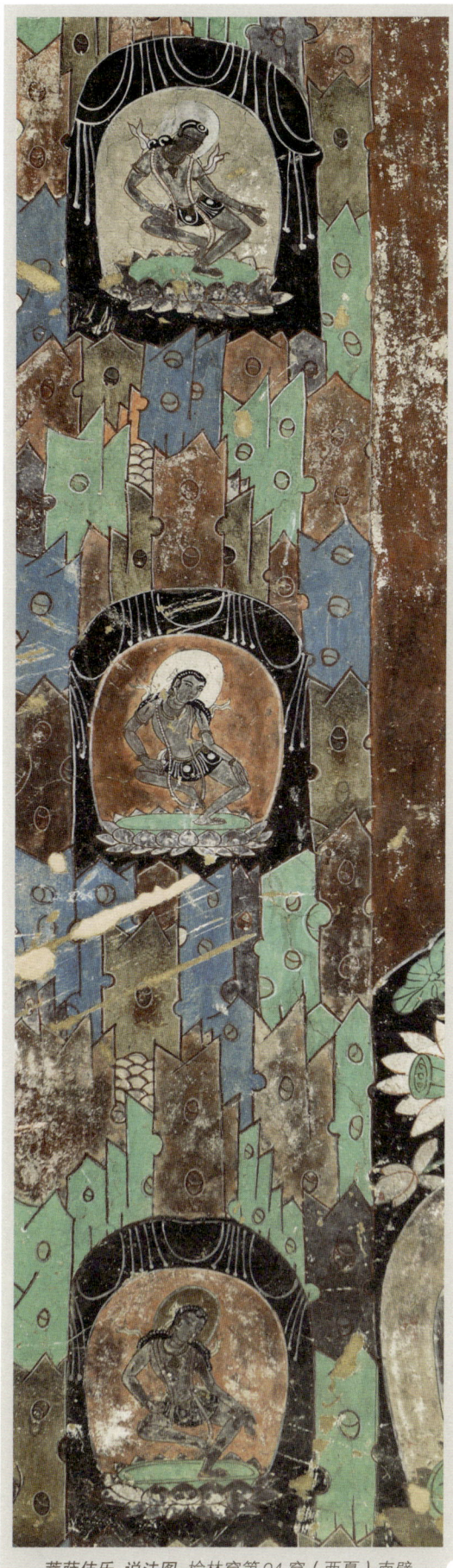

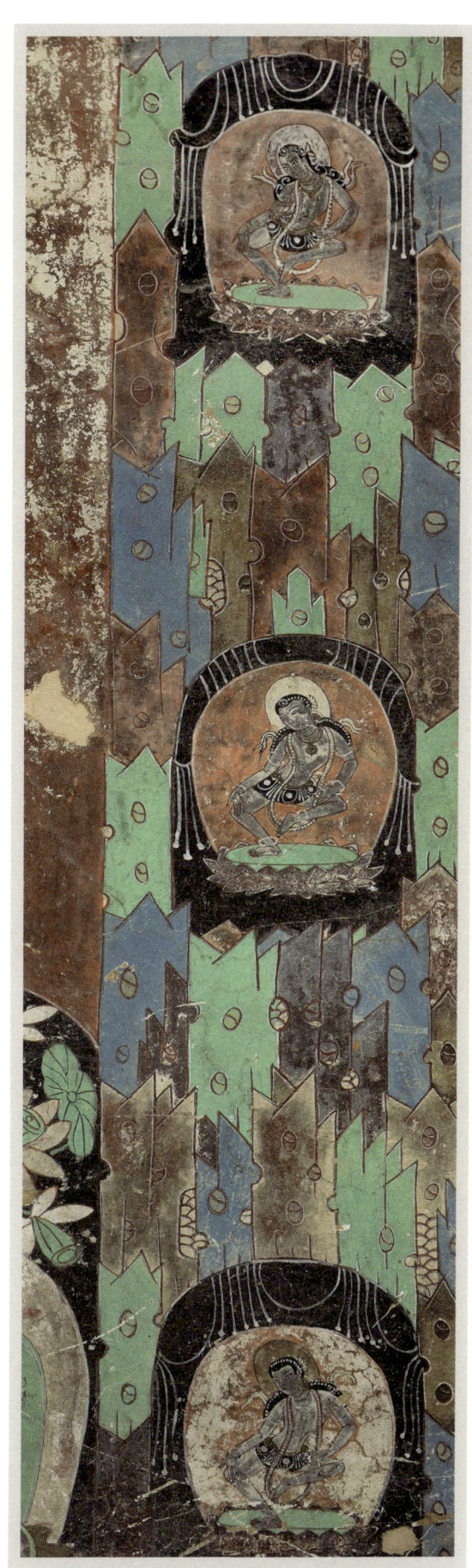

菩萨伎乐 灵鹫山说法图
榆林窟第04窟（元）北壁

菩萨伎乐 灵鹫山说法图
榆林窟第04窟（元）北壁

三 榆林窟乐舞壁画

榆林窟 第06窟

飞天伎乐 榆林窟第06窟（西夏）南壁

飞天伎乐 榆林窟第06窟（西夏）北壁

飞天伎乐 榆林窟第10窟（西夏）西披

飞天伎乐 榆林窟第10窟（西夏）西披

三　榆林窟乐舞壁画

榆　林　窟
第 10 窟

不鼓自鸣乐 榆林窟第10窟（西夏）东披

不鼓自鸣乐 榆林窟第10窟（西夏）东披

三 榆林窟乐舞壁画

榆 林 窟
第10窟

童子伎乐 榆林窟第12窟（五代）前室西壁

飞天伎乐 榆林窟第12窟（五代）北披

三 榆林窟乐舞壁画

飞天伎乐 榆林窟第12窟（五代）南披

飞天伎乐 榆林窟第12窟（五代）西披

经变乐舞 药师经变 榆林窟第12窟（五代）南壁

三 榆林窟乐舞壁画

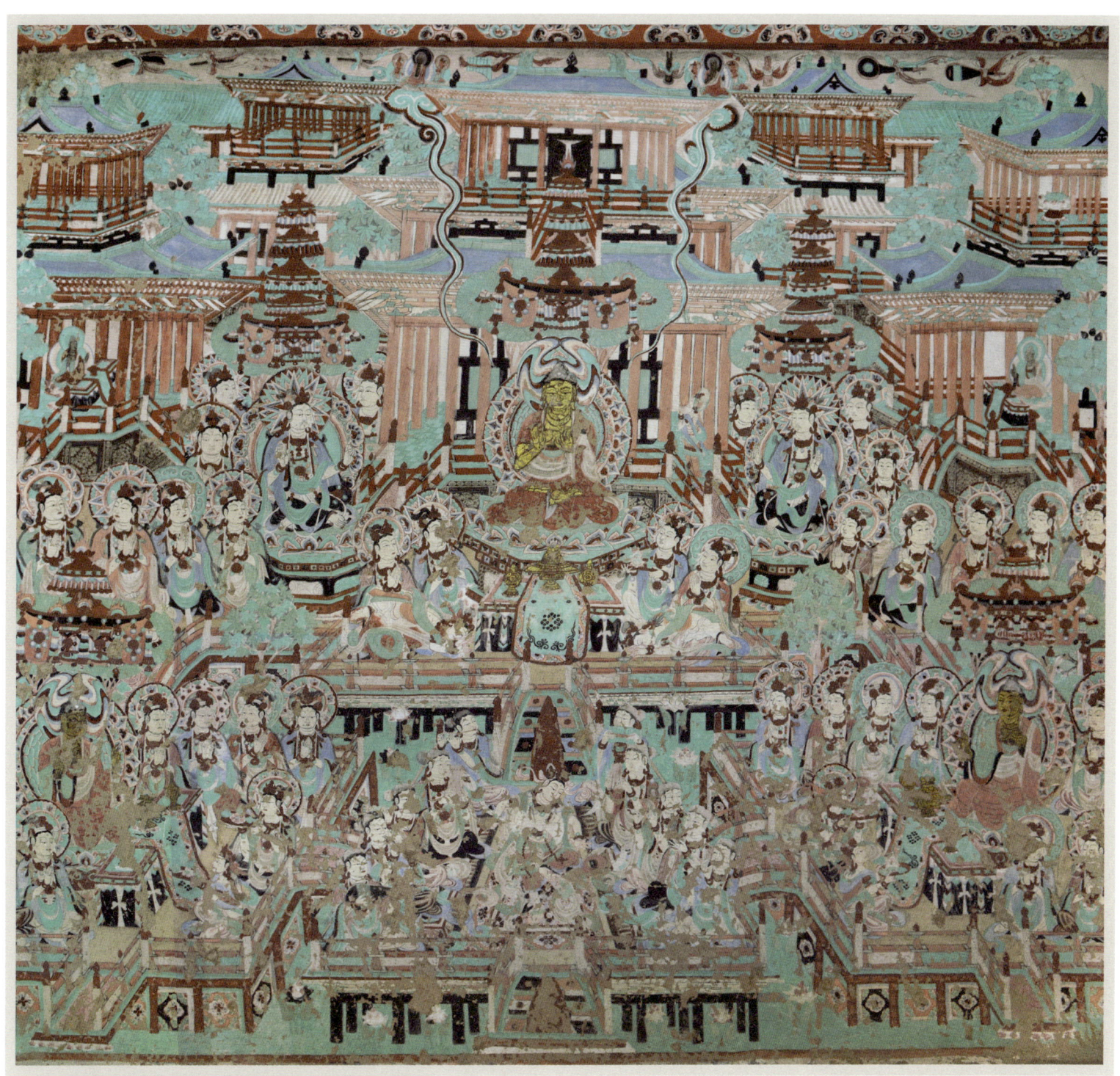

经变乐舞 西方净土变 榆林窟第12窟（五代）北壁

菩萨伎乐 普贤经变 榆林窟第12窟（五代）西壁 　　　　菩萨伎乐 文殊经变 榆林窟第12窟（五代）西壁

飞天伎乐 榆林窟第14窟（宋）西披

飞天伎乐 榆林窟第14窟（宋）西披

飞天伎乐 榆林窟第14窟（宋）东披

化生童子 榆林窟第14窟（宋）东壁

化生童子 榆林窟第14窟（宋）东壁

飞天伎乐 榆林窟第15窟（中唐）前室顶北侧

飞天伎乐 榆林窟第15窟（中唐）前室顶南侧

飞天伎乐 迦陵频伽伎乐 榆林窟第15窟（中唐）前室北壁

飞天伎乐 迦陵频伽伎乐 榆林窟第15窟（中唐）前室北壁

三　榆林窟乐舞壁画

飞天伎乐　榆林窟第15窟（宋）西披

飞天伎乐　榆林窟第15窟（宋）西披

飞天伎乐 榆林窟第15窟（宋）北披

飞天伎乐 榆林窟第15窟（宋）东披

三 榆林窟乐舞壁画

飞天伎乐 榆林窟第16窟（五代）南披

飞天伎乐 榆林窟第16窟（五代）北披

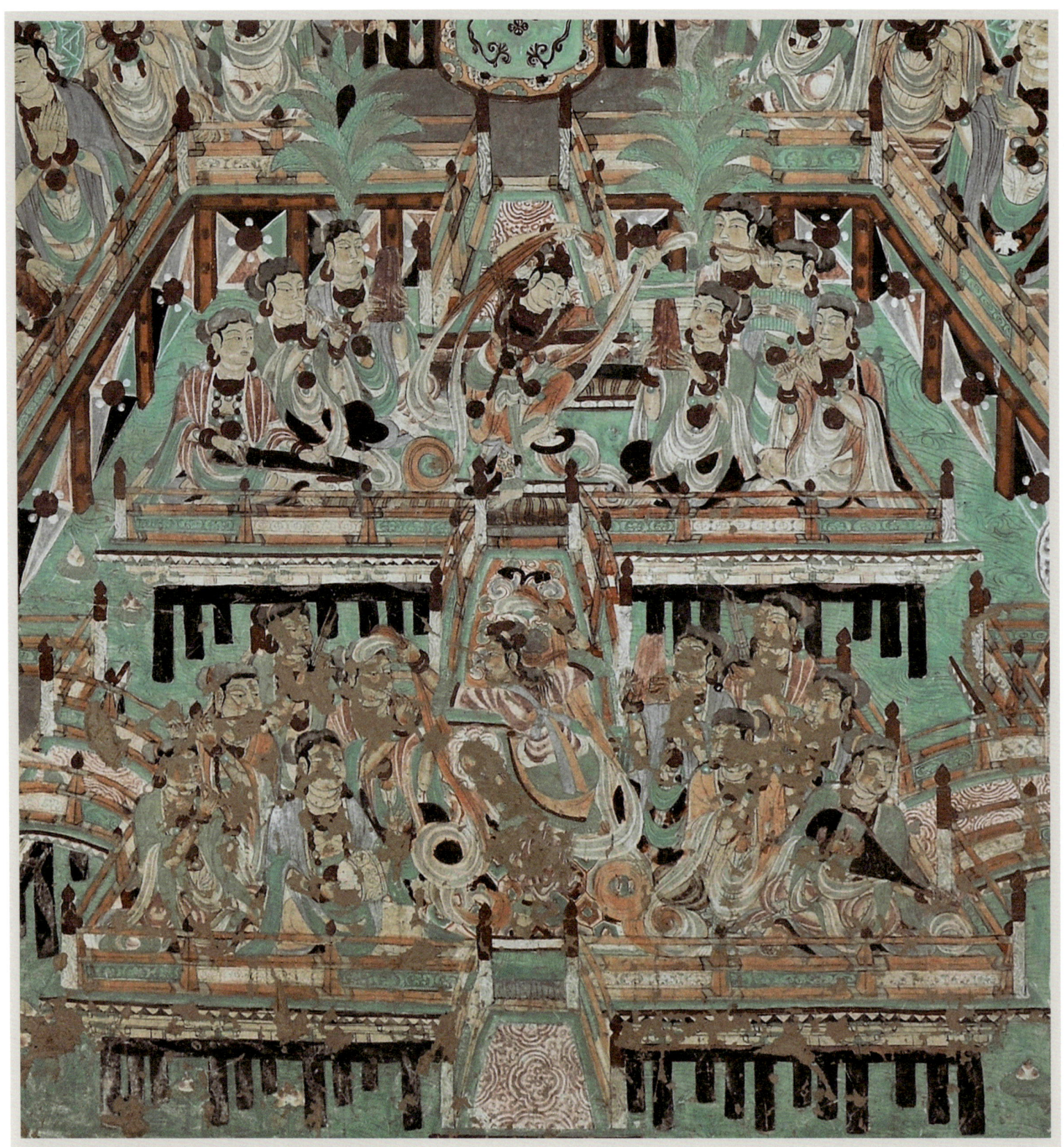

经变乐舞 药师经变 榆林窟第16窟（五代）南壁

三 榆林窟乐舞壁画

榆林窟 第16窟

经变乐舞 报恩经变 榆林窟第16窟（五代）南壁

经变乐舞 天请问经变 榆林窟第16窟（五代）北壁

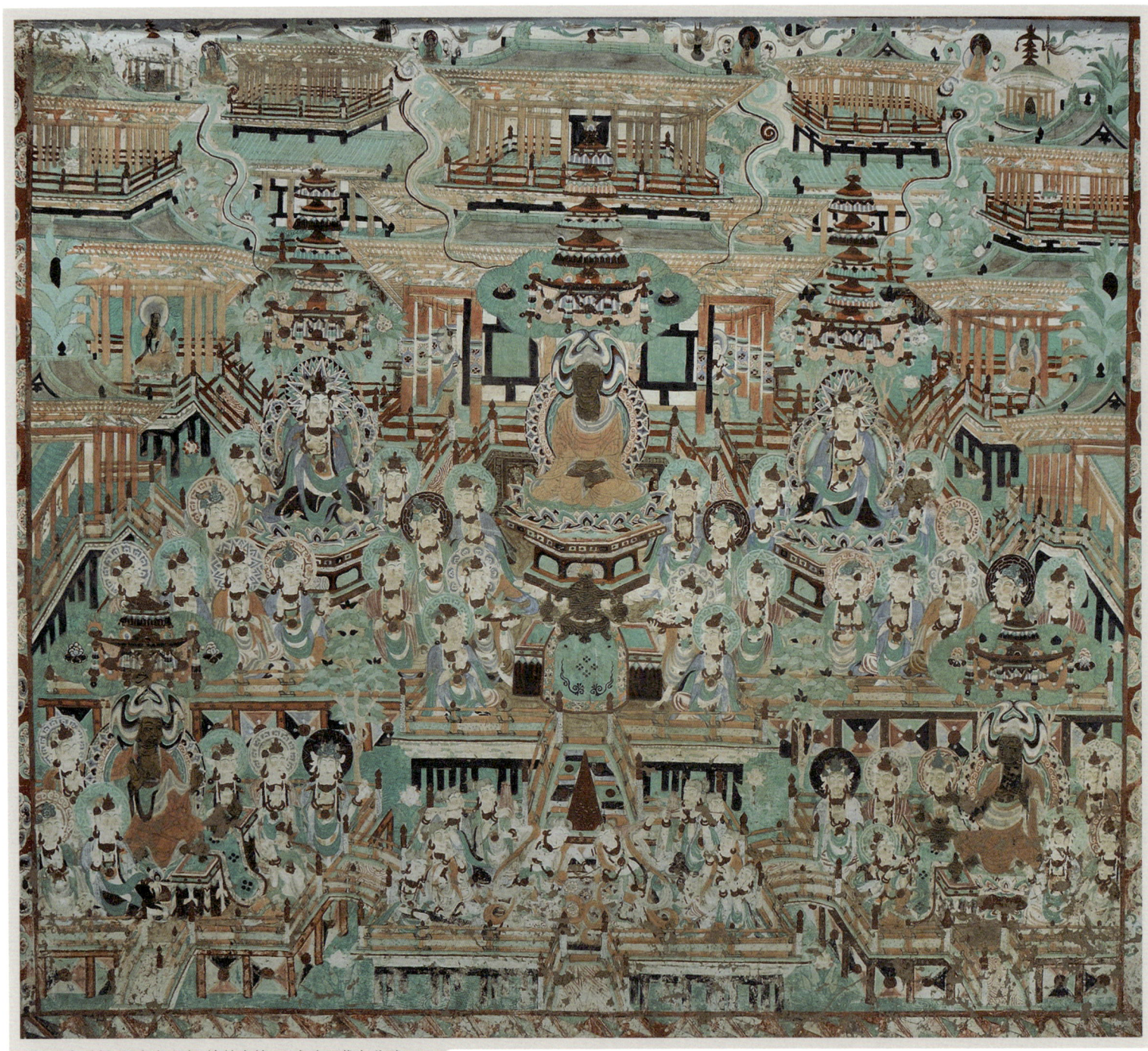

经变乐舞 西方净土变 榆林窟第16窟（五代）北壁

三　榆林窟乐舞壁画

榆林窟
第16窟

外道击鼓　劳度叉斗圣变　榆林窟第16窟（五代）东壁

比丘撞钟　劳度叉斗圣变　榆林窟第16窟（五代）东壁

榆 林 窟
第 16 窟

化生伎乐 榆林窟第16窟（五代）西壁

化生伎乐 榆林窟第16窟（五代）西壁

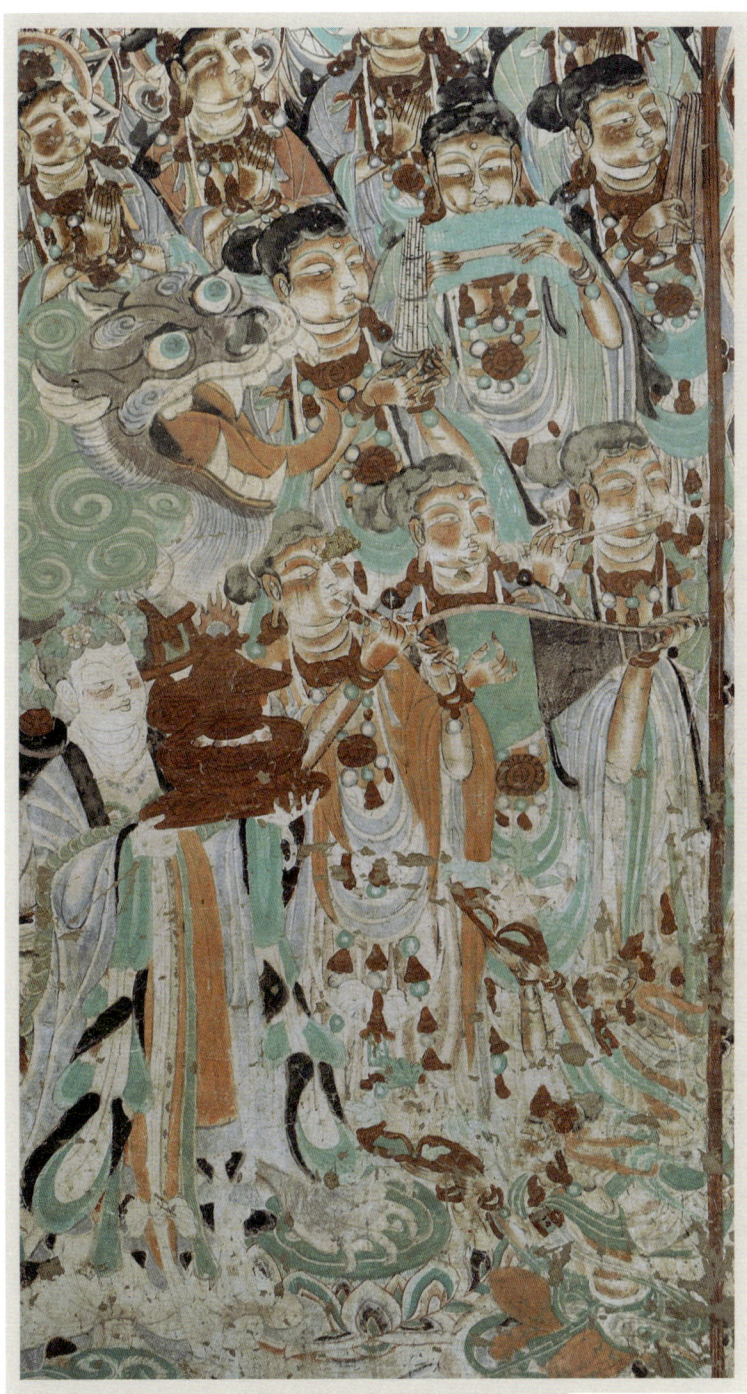

三 榆林窟乐舞壁画　　榆　林　窟　第16窟

菩萨伎乐 普贤经变 榆林窟第16窟（五代）西壁

菩萨伎乐 文殊经变 榆林窟第16窟（五代）西壁

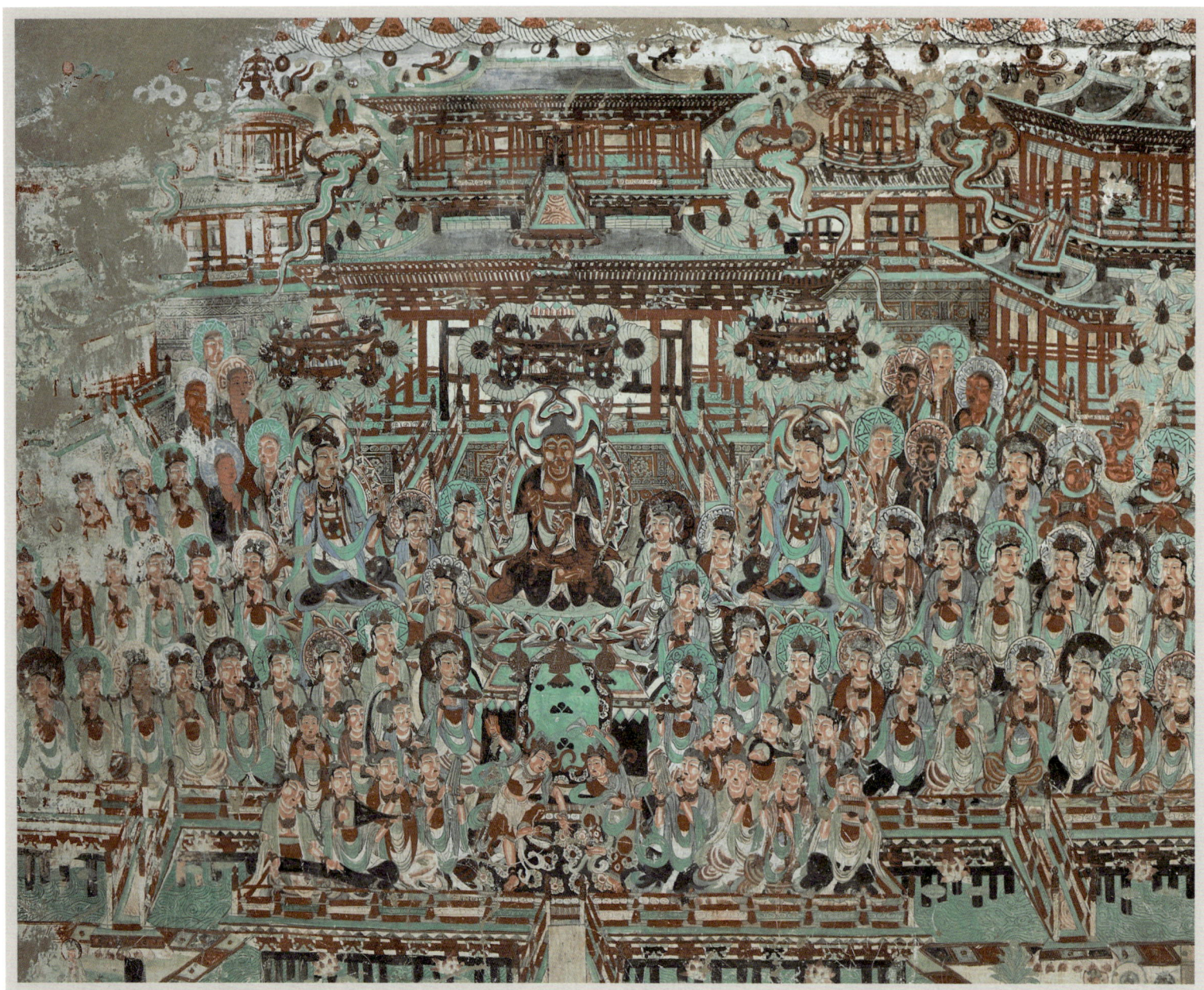

经变乐舞 天请问经变 榆林窟第19窟（五代）南壁

经变乐舞 西方净土变 榆林窟第19窟（五代）南壁

经变乐舞 药师经变 榆林窟第19窟（五代）北壁

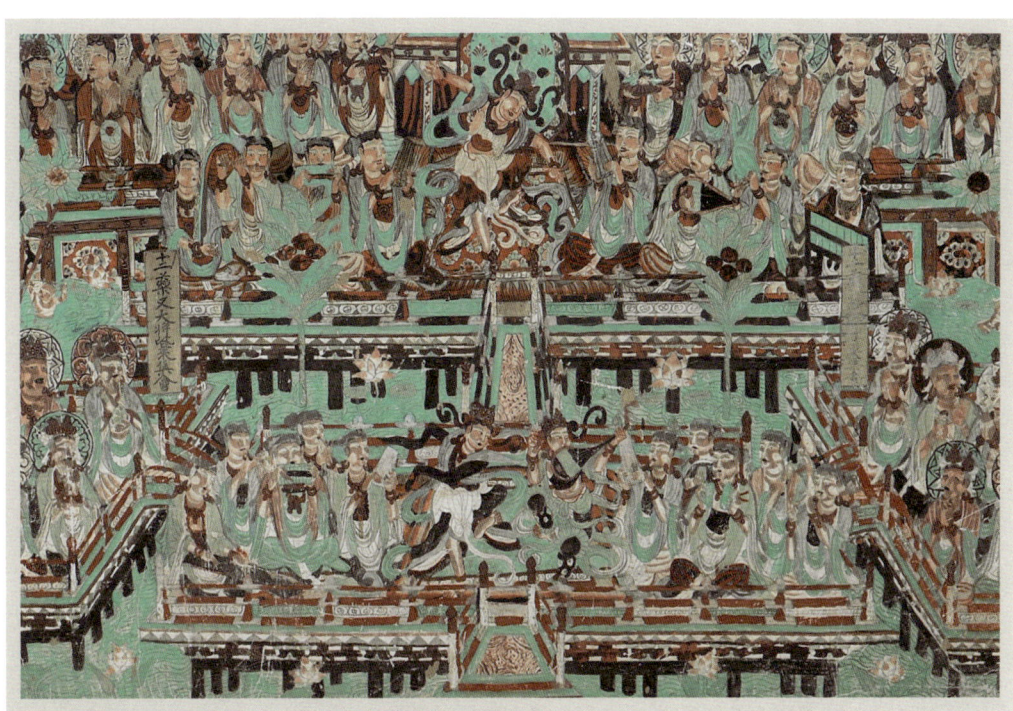

经变乐舞 药师经变 榆林窟第19窟（五代）北壁

经变乐舞 报恩经变 榆林窟第19窟（五代）北壁

菩萨伎乐 文殊经变 榆林窟第19窟（五代）西壁 　　菩萨伎乐 普贤经变 榆林窟第19窟（五代）西壁

三　榆林窟乐舞壁画

榆林窟 第20窟

菩萨伎乐　毗卢遮那并八大菩萨曼荼罗　榆林窟第20窟（宋）东壁

经变乐舞　药师经变　榆林窟第20窟（宋）东壁

壶门伎乐 榆林窟第20窟（五代）东壁

壶门伎乐 榆林窟第20窟（五代）东壁

壶门伎乐 榆林窟第20窟（五代）北壁

壶门伎乐 榆林窟第20窟（五代）南壁

壶门伎乐 榆林窟第20窟（五代）南壁

飞天伎乐 榆林窟第21窟（宋）北披

飞天伎乐 榆林窟第21窟（宋）北披

飞天伎乐 榆林窟第21窟（宋）北披

三　榆林窟乐舞壁画

榆　林　窟
第 21、22 窟

飞天伎乐　榆林窟第21窟（宋）北披

飞天伎乐　榆林窟第21窟（宋）南披

飞天伎乐　榆林窟第22窟（宋）北披

飞天伎乐 榆林窟第22窟（宋）西披

飞天伎乐 榆林窟第22窟（宋）西披

三 榆林窟乐舞壁画

榆林窟 第25窟

641

经变乐舞 观无量寿经变 榆林窟第25窟（中唐）南壁

舞伎 榆林窟第25窟（中唐）南壁

经变乐舞 观无量寿经变 榆林窟第25窟（中唐）南壁

三　榆林窟乐舞壁画

榆林窟
第 25 窟

迦陵频伽伎乐 榆林窟第25窟（中唐）南壁

共命鸟伎乐 榆林窟第25窟（中唐）南壁

飞天伎乐 榆林窟第26窟（宋）前室西壁

飞天伎乐 榆林窟第32窟（五代）北披

菩萨伎乐 普贤经变 榆林窟第32窟（五代）东壁

菩萨伎乐 文殊经变 榆林窟第32窟（五代）东壁

天王伎乐 维摩诘经变 榆林窟第32窟（五代）北壁

比丘撞钟 劳度叉斗圣变 榆林窟第32窟（五代）南壁

外道击鼓 劳度叉斗圣变 榆林窟第32窟（五代）南壁

三　榆林窟乐舞壁画

飞天伎乐　榆林窟第33窟（五代）南披

飞天伎乐　榆林窟第33窟（五代）西披

飞天伎乐 榆林窟第33窟（五代）北披

飞天伎乐 榆林窟第33窟（五代）东披

世俗乐舞 佛教史迹画 榆林窟第33窟（五代）南壁

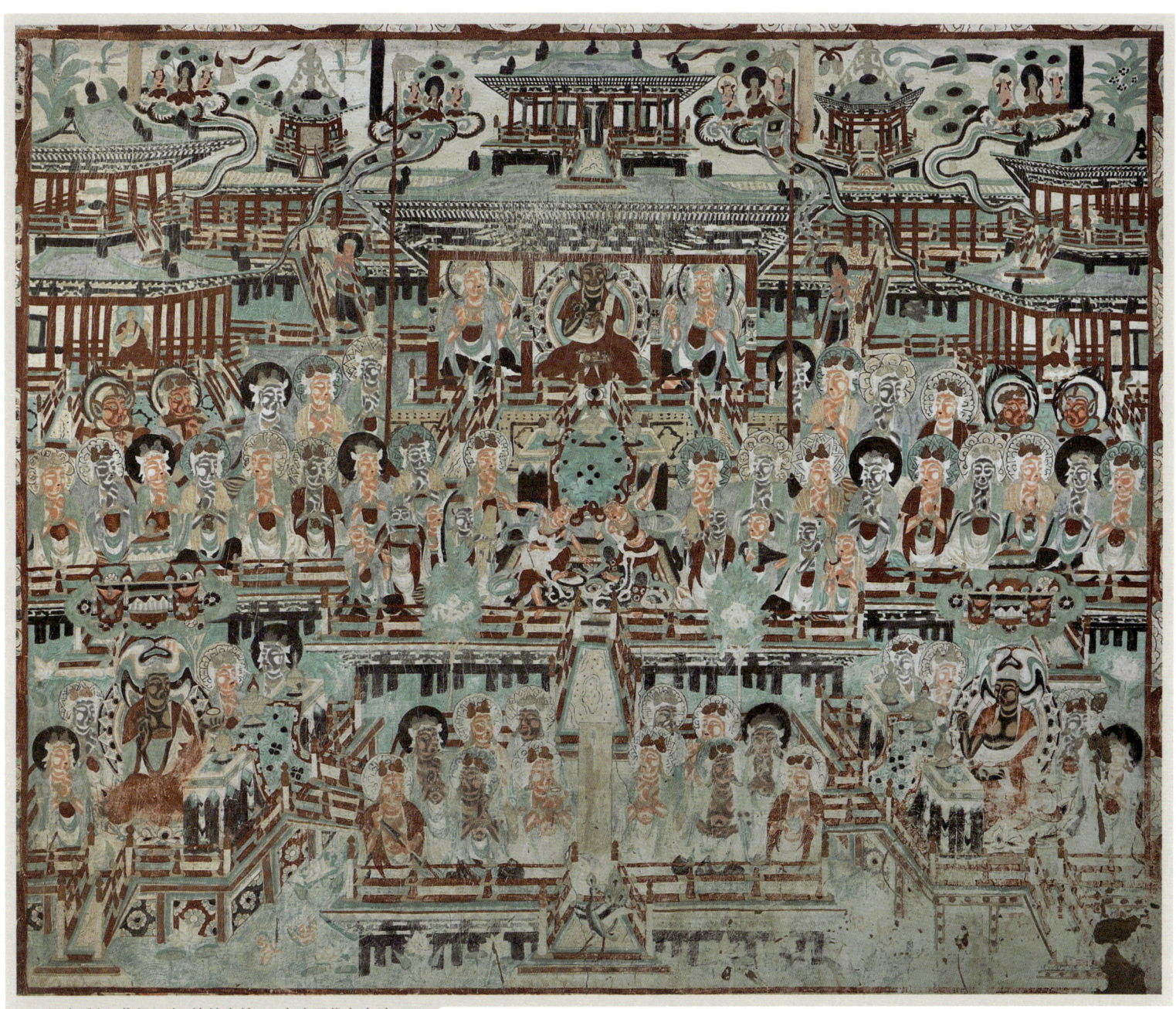

经变乐舞 药师经变 榆林窟第33窟（五代）南壁

经变乐舞 西方净土变 榆林窟第33窟 北壁

天王伎乐 榆林窟第33窟（五代）西壁

天王伎乐 榆林窟第33窟（五代）西壁

飞天伎乐 榆林窟第34窟（五代）东披

经变乐舞 药师经变、思益梵天问经变 榆林窟第34窟（五代）南壁

三　榆林窟乐舞壁画

榆林窟
第 34 窟

经变乐舞 天请问经变、阿弥陀经变 榆林窟第34窟（五代）北壁

三　榆林窟乐舞壁画

菩萨伎乐 普贤经变 榆林窟第34窟（五代）东壁 　　　　　菩萨伎乐 文殊经变 榆林窟第34窟（五代）东壁

三　榆林窟乐舞壁画

榆　林　窟
第 35 窟

菩萨伎乐　不空绢索观音经变　榆林窟第35窟（五代）前室顶

菩萨伎乐　千手眼观音经变　榆林窟第35窟（五代）前室顶

菩萨伎乐 普贤经变 榆林窟第35窟（五代）南壁

经变乐舞 观无量寿经变 榆林窟第35窟（五代）西壁

经变乐舞 观无量寿经变 榆林窟第35窟（五代）西壁

经变乐舞 观无量寿经变 榆林窟第35窟（五代）西壁

菩萨伎乐 文殊经变 榆林窟第35窟（五代）北壁

三　榆林窟乐舞壁画　　　榆　林　窟　第35窟

菩萨伎乐　榆林窟第35窟（五代）北壁

菩萨伎乐　榆林窟第35窟（五代）东壁

飞天伎乐 榆林窟第36窟（五代）南披

飞天伎乐 榆林窟第36窟（五代）西披

飞天伎乐 榆林窟第36窟（五代）北披

三 榆林窟乐舞壁画

榆林窟 第36窟

飞天伎乐 榆林窟第36窟（五代）北披

飞天伎乐 榆林窟第36窟（五代）东披

飞天伎乐 榆林窟第36窟（五代）东披

经变乐舞 药师经变 榆林窟第36窟（五代）南壁

菩萨伎乐 普贤经变 榆林窟第36窟（五代）东壁

菩萨伎乐 文殊经变 榆林窟第36窟（五代）东壁

三　榆林窟乐舞壁画　　　　　榆　林　窟　第 38 窟　　　　　667

飞天伎乐　榆林窟第38窟（五代）南披

飞天伎乐　榆林窟第38窟（五代）南披

飞天伎乐　榆林窟第38窟（五代）南披

飞天伎乐　榆林窟第38窟（五代）西披

飞天伎乐 榆林窟第38窟（五代）北披

飞天伎乐 榆林窟第38窟（五代）北披

飞天伎乐 榆林窟第38窟（五代）北披

飞天伎乐 榆林窟第38窟（五代）东披

三　榆林窟乐舞壁画

榆 林 窟
第 38 窟

菩萨伎乐　大日如来并八大菩萨曼荼罗　榆林窟第38窟（五代）南壁

不鼓自鸣乐　药师经变　榆林窟第38窟（五代）南壁

世俗乐舞 弥勒经变 榆林窟第38窟（五代）西壁

三　榆林窟乐舞壁画

榆 林 窟
第 38 窟

671

经变乐舞　观无量寿经变　榆林窟第38窟（五代）北壁

飞天伎乐 榆林窟第39窟（回鹘）甬道南

飞天伎乐 榆林窟第39窟（回鹘）甬道南

榆 林 窟
第 39 窟

三 榆林窟乐舞壁画

673

飞天伎乐 榆林窟第39窟（回鹘）甬道北

飞天伎乐 榆林窟第39窟（回鹘）甬道北

西千佛洞外景

四 西千佛洞乐舞壁画

西千佛洞位于敦煌市区西南35公里处，开凿于党河北岸的崖壁上。其始造年代尚无明确记载，历经北魏、北周、西魏、隋、唐、回鹘、元等多个朝代建造而成，现存洞窟22个，其中10个洞窟中绘有乐舞图像。壁画中有乐器共108件，其中弹拨乐器43件，吹奏乐器33件，打击乐器22件，图像模糊的乐器10件。主要乐舞形式有飞天伎乐、天宫伎乐、经变乐舞、不鼓自鸣乐、菩萨伎乐、迦陵频伽伎乐、供养伎乐等。

西千佛洞的洞窟形制、艺术风格以及壁画乐舞图像中所包含的乐舞类型与莫高窟基本相似。

值得注意的是，在回鹘重修的洞窟中，壁画内容体现出鲜明的回鹘风格。

不鼓自鸣乐 西千佛洞第05窟（回鹘）东壁

不鼓自鸣乐 西千佛洞第05窟（回鹘）东壁

四　西千佛洞乐舞壁画　　西千佛洞第08窟　　677

飞天伎乐　西千佛洞第08窟（北周）西壁

飞天伎乐　西千佛洞第08窟（北周）西壁

飞天伎乐　西千佛洞第08窟（北周）西壁

飞天伎乐　西千佛洞第08窟（北周）西壁

四　西千佛洞乐舞壁画

飞天伎乐　西千佛洞第08窟（隋）北壁

飞天伎乐 西千佛洞第08窟（隋）东壁

飞天伎乐 西千佛洞第08窟（隋）东壁

四　西千佛洞乐舞壁画

西千佛洞
第 08 窟

681

飞天伎乐 西千佛洞第09窟（西魏）龛眉

飞天伎乐 西千佛洞第09窟（西魏）西壁

四　西千佛洞乐舞壁画　　西千佛洞　第09、10窟　　683

世俗乐舞　涅槃经变　西千佛洞第09窟（回鹘）北壁

飞天伎乐　西千佛洞第09窟（西魏）东壁

飞天伎乐　西千佛洞第10窟（隋）北壁

飞天伎乐 西千佛洞第12窟（北周）南壁

飞天伎乐 西千佛洞第12窟（北周）南壁

四　西千佛洞乐舞壁画

经壁乐舞 观无量寿经变 西千佛洞第18窟（中唐）西壁

四　西千佛洞乐舞壁画

西千佛洞
第18窟

迦陵频伽伎乐　西千佛洞第18窟（中唐）西壁

经变乐舞　观无量寿经变　西千佛洞第18窟（中唐）西壁

经变乐舞 药师经变 西千佛洞第18窟(中唐)东壁

经变乐舞 药师经变 西千佛洞第18窟（中唐）东壁

迦陵频伽伎乐 药师经变 西千佛洞第18窟（中唐）东壁

天王伎乐 西千佛洞第19窟（五代）龛内东壁

东千佛洞西岸外景

五 东千佛洞乐舞壁画

　　东千佛洞位于瓜州县城东南70多公里处，开凿在长山子北麓的峡谷两岸，历经西夏至清代修建而成，是榆林窟西夏和元代艺术的一个分支，同时又体现出与西域早期石窟形制的密切联系。东千佛洞现存有编号的洞窟9个，其中3个洞窟中绘有乐舞图像，均属西夏时期作品。壁画中有乐器20件，其中弹拨乐器5件，吹奏乐器4件，打击乐器8件，拉弦乐器1件，以及图像模糊的乐器2件。就佛教信仰而言，东千佛洞多属具有显密结合的信仰特征的综合型石窟，其绘画风格体现出汉密与藏密相结合的特征。

　　东千佛洞第02窟中的菩萨伎乐形式别具一格，载歌载舞，乐舞同举，民族风格非常鲜明，是当时民间乐舞的真实表现。尤为特别的是东千佛洞第7窟的经变乐舞中出现了拉弦乐器，这是目前壁画中所看到的古代时期乐舞中最早使用拉弦乐器的图像。拉弦乐器何时开始用于乐队之中，目前还没有发现明确的记载，此图的出现提供了可靠的历史依据，是一幅弥足珍贵的图像资料。另外，此窟涅槃图中的乐舞形式也别具一格，与众不同。

　　东千佛洞有乐舞壁画的洞窟是第02窟、05窟和07窟，其内容丰富、风格独特，艺术价值极高，代表了同时代艺术发展的最高水平，是研究西夏时期乐舞艺术以及各类艺术发展的重要图像资料。

菩萨伎乐 东千佛洞第02窟（西夏）南壁

菩萨伎乐 东千佛洞第02窟（西夏）北壁

菩萨伎乐 东千佛洞第02窟（西夏）南壁

菩萨伎乐 东千佛洞第02窟（西夏）北壁

菩萨伎乐 东千佛洞第02窟（西夏）东壁

菩萨伎乐 东千佛洞第05窟（西夏）南壁

世俗乐舞 涅槃经变 东千佛洞第07窟（西夏）中心柱东向面

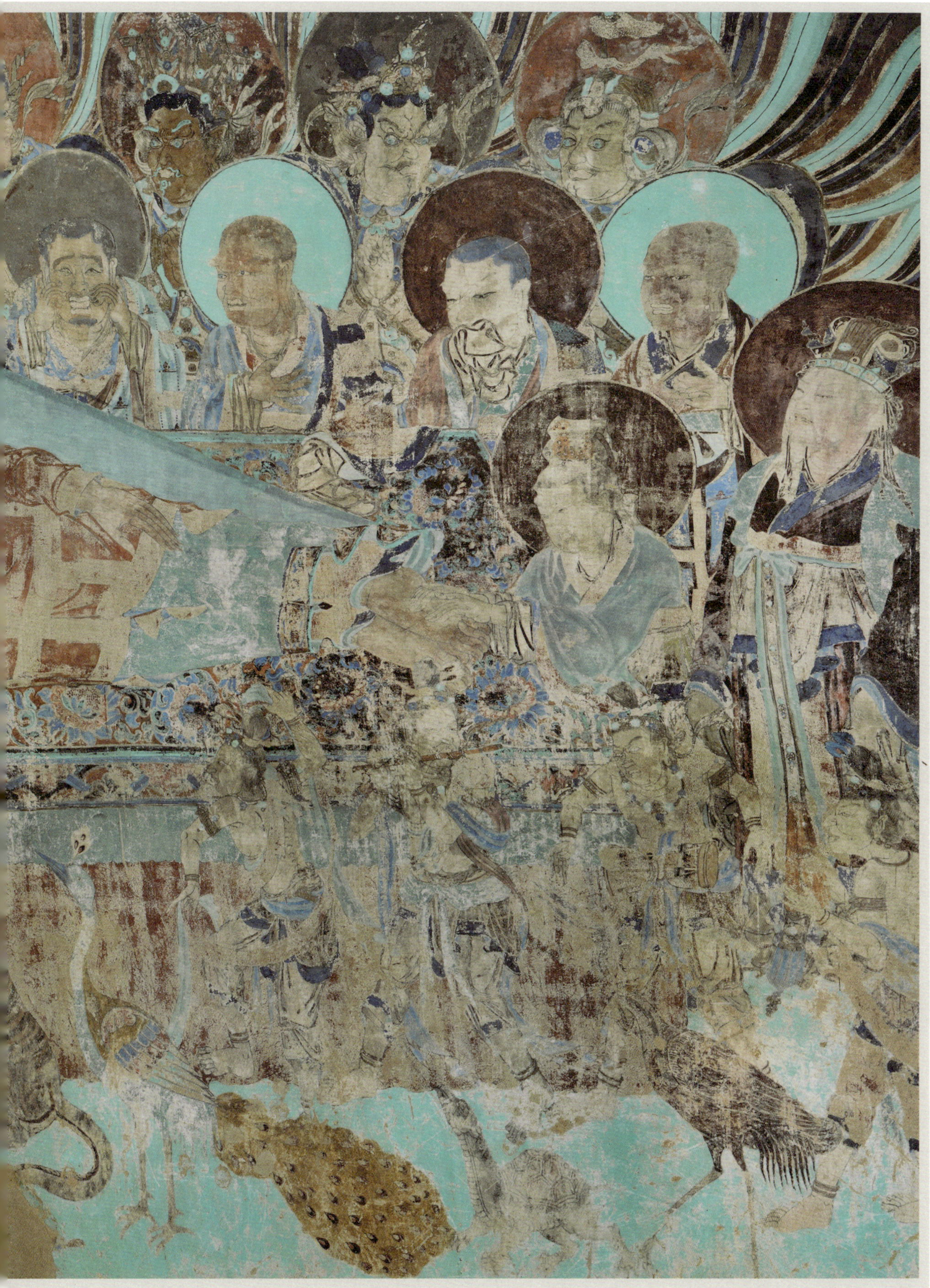

世俗乐舞 涅槃经变 东千佛洞第07窟（西夏）中心柱东向面

五　东千佛洞乐舞壁画　　　东千佛洞　第07窟　　701

经变乐舞　净土变　东千佛洞第07窟（西夏）南壁

乐伎　东千佛洞第07窟（西夏）南壁

乐伎　东千佛洞第07窟（西夏）南壁

五个庙石窟外景

六 五个庙石窟乐舞壁画

　　五个庙石窟位于肃北蒙古族自治县县城西北20公里处,开凿在党河北岸的崖壁上,与敦煌西千佛洞开凿在同一河谷中,五个庙在上游,西千佛洞在下游。五个庙石窟悬于半崖,以往仅有5个石窟可登临,故称为"五个庙石窟",现有编号的洞窟共6个,其中编号为03、04的两个洞窟中有乐舞图像。均为西夏时期的壁画。壁画中共有乐器5件,其中吹奏乐器3件,打击乐器2件。

　　五个庙石窟的开凿年代均为北周,五代、西夏、宋各代屡有重修。其壁画内容体现出显密杂陈的特征。经变乐舞中,边演奏长尖号筒边舞蹈的形象是研究密教乐舞的重要资料。

菩萨伎乐 劳度叉斗圣变 五个庙石窟第03窟（西夏）西壁

大钟 劳度叉斗圣变 五个庙石窟第03窟（西夏）西壁

号筒 劳度叉斗圣变 五个庙石窟第03窟（西夏）西壁

六　五个庙石窟乐舞壁画

五个庙石窟 第04窟

舞伎 净土变 五个庙石窟第04窟（西夏）西壁

经变乐舞 净土变 五个庙石窟第04窟（西夏）东壁

小千佛洞外景

七 小千佛洞乐舞壁画

小千佛洞距瓜州县城南50多公里，开凿在榆林河谷的南、北崖壁上，与榆林窟开凿于同一河谷，榆林窟在上游，亦称"上洞子"，小千佛洞在下游，亦称"下洞子"。小千佛洞始建年代不详，现存壁画最早大约为五代时期，西夏和清代重修。

小千佛洞现存8个洞窟，因地势险要，历代保存比较完好。20世纪70年代修建榆林水库时，民工把洞窟当作工房，将洞窟中的塑像全部搬出并扔到了河谷中，至此洞窟中的彩塑荡然无存，壁画也遭严重人为破坏，仅第01、第03、第04窟残存部分壁画。

小千佛洞仅第01窟和第03窟中有乐舞壁画，其主要形式为飞天伎乐，经变乐舞和奏乐天王。

关于小千佛洞个别洞窟中壁画内容的具体年代或有不同见解，例如第01窟甬道中的天王壁画绘制年代以往定为西夏，但仔细观察发现，此壁画的内容以及绘画风格表现形式都与西夏壁画风格完全不同，而与清代时期的民间绘画风格相似，所以将其具体年代确定为清代。

奏乐天王 小千佛洞第01窟（清）甬道西壁

经变乐舞 净土变 小千佛洞第04窟（宋）东壁

七　小千佛洞乐舞壁画

飞天伎乐 小千佛洞第04窟（宋）东壁

飞天伎乐 小千佛洞第04窟（宋）北壁

旱峡石窟外景

八 旱峡石窟乐舞壁画

旱峡石窟距瓜州县城南50多公里，位于旱峡山口的山顶上，地势险要，始建于北朝时期，西夏重修。

旱峡石窟共有洞窟2个，第01号窟完全坍塌，只剩残垣断壁；第02号窟前半部分坍塌，西壁残存西夏时期壁画。曼荼罗壁画中有乐舞图像，有乐器6件，其中弹拨乐器2件，吹奏乐器2件，打击乐器2件。其绘画风格与莫高窟和榆林窟有所不同，是研究西夏文化艺术的重要资料。

菩萨伎乐 曼荼罗 旱峡石窟第02窟（西夏）西壁

菩萨伎乐 曼荼罗 旱峡石窟第02窟（西夏）西壁

乐伎 曼荼罗 旱峡石窟第02窟（西夏）西壁　　　　乐伎 曼荼罗 旱峡石窟第02窟（西夏）西壁

八　旱峡石窟乐舞壁画

旱峡石窟 第02窟

菩萨伎乐　旱峡石窟第02窟（西夏）西壁

菩萨伎乐　旱峡石窟第02窟（西夏）西壁

作者简介

高德祥 甘肃敦煌人。

现为教育部学位中心博士硕士论文评审专家，甘肃省政府文史研究馆馆员，西安音乐学院特聘教授。历任敦煌市文化馆馆长，兼任敦煌市文化广播电视体育局副局长、敦煌市文联副主席、敦煌市九三学社市委会主委、敦煌市政协副主席、甘肃省音乐家协会副主席、甘肃省文联委员等职。

自20世纪70年代末开始广泛深入农村基层，收集、整理、研究敦煌民间音乐艺术，并将敦煌曲子戏申报列入第一批国家级非物质文化遗产名录。最早以图文形式发表文章介绍敦煌雅丹地质公园，2015年敦煌地质公园成功列入联合国教科文组织世界地质公园名录。2021年获得甘肃省文联、甘肃省音乐家协会授予的第三届甘肃音乐黄钟奖"有突出贡献音乐家"称号。

出版的专著有《敦煌古代乐舞》《敦煌乐舞——经变乐舞》《朝觐敦煌》《美丽的敦煌》(合著)《敦煌·丝路》《图说敦煌》《敦煌民间音乐艺术集成》以及音乐专辑等20余种。在国内外音乐刊物上发表文章数十篇。

作为策展人，2008年首次在法国巴黎和德国柏林中国文化中心先后举办了敦煌艺术大展，并应邀在巴黎中国文化中心举行了敦煌艺术的专题讲座。

陈雪静 甘肃民勤人。

毕业于西北师范大学音乐系作曲专业。1992年至今在敦煌研究院敦煌石窟文物保护研究陈列中心工作，现为敦煌研究院馆员。

曾于1995年参与敦煌研究院第二批仿制敦煌壁画研究工作，成功仿制30余种70件仿古乐器。自1996年至2021年间，多次参与、举办敦煌研究主题的中外展览10余场，如1996年敦煌研究院与日本《朝日新闻》举办的《永恒的敦煌》展览，1997年敦煌研究院与日本福冈东映的展览，2008年北京中国美术馆的《盛世和光——敦煌艺术大展》，2012年土耳其共和国伊斯坦布尔市米玛尔·锡南大学文化艺术中心的《印象敦煌——中国文化大展》，2013年、2016年敦煌研究院老美术馆的《丝路梵音——龟兹敦煌石窟壁画临摹精品展》与《1650——文明的回响》，2018年敦煌文博园的《锦绣丝路 天籁敦煌》敦煌石窟艺术文化创意展，2020年武汉音乐学院的《妙音莫高——敦煌乐舞艺术展》，2018年上海徐汇艺术馆的《乐者敦和·大音煌盛——敦煌壁画乐舞专题展》，2021年故宫博物院的《敦行故远——故宫敦煌特展》。

曾参与《甘肃藏敦煌文献》（甘肃人民出版社1999年版）图片拍摄、文献整理、撰稿等工作；发表《迦陵频伽起源考》等论文。